Im Kino gewesen. Gedacht.

Texte zum Film Band II

Texte ohne Fußnoten

Vorbemerkung

In diesem Band sind Texte versammelt lang und kurz, die über viele Jahre hinweg zu den unterschiedlichsten Filmen bzw. Medienerzeugnissen entstanden sind, in unterschiedlichsten Situationen, mit den unterschiedlichsten Interessen und Intentionen, für unterschiedlichste Leser gedacht, auf unterschiedlichsten Stufen der Intoxikation. Teils veröffentlicht, teils nicht. Und wo veröffentlicht, da selten in der hier rekonstruierten ursprünglichen Fassung. Lohnt sich also.

Über den Autor

Daniel Petersen wurde 1968 geboren. Er studierte Film an der New York University sowie Philosophie und Filmwissenschaft in Hamburg und Lüneburg. Nebenher vertrieb er sich die Zeit als Cinephiler, Drehbuchlektor, Übersetzer, Drehbuchautor, Filmkritiker, Filmmacher, Synchronschreiber und überhaupt Freier Autor. Selbstredend weitgehend erfolglos. Er lebt in Hamburg und auf dem Saturn.

Inhalt

Antonioni	5
Michael Lehmann	7
Short Cuts	8
Liebe und andere Geschäfte	12
Drei Farben: Rot	15
Das Relikt	18
Deep Impact	20
U-Turn	23
Star Trek	29
EDtv	40
Instinkt	45
Millennium	50
Big Brother	54
Big Brother 2	65
The 6th Day	70
The Cell	75
Cube & Pitch Black	79
The Man Who Wasn't There	89
Stirb an einem anderen Tag (Bond 20)	97
Before Sunset	104
Hellboy	108
Die Insel	111
Inglourious Basterds	116
Kurzkritiken für *Prinz*	120
Interview Ennio Morricone	135
Interview Michael Ballhaus	149
Epilog: Mein erstes Mal *Star Wars*	173

Vorspiel:

Antonioni (1993) (ungeformte Rohmasse)

L'eclisse, 1962

Menschen am Rande und die Leere dazwischen. Das Breitwandformat, etwa 1:1.8, bestens genutzt, keine Redundanz durch verwaschene Hintergründe und ähnliches Kunstgewerbe. Viel leerer Raum, keine in diesem Sinne Begleitmusik, ein wenig Klavier und in einem Zimmer Minas yé-yé aus dem Vorspann, die wenigen Worte der Entscheidung und zaghaften Gleichgültigkeit und heimlichen Qual erschwingen auf keinem Resonanzboden der Musikuntermalung klar und rein zu bedeutsamer Dramatik, von Menschenstimme hervorgebracht verenden sie kläglich und absurd in der Stille des Raumes, der zu weit ist und so weit gezeigt wird, dass das gesprochene Wort, das nie die monolithische Standhaftigkeit des gedruckten Wortes erreicht, zum Gegenüber es nicht ganz schafft, zum Klangtorso wird und derart reiner seinen Sinn offenbart, dass nämlich zum gesprochenen Text der sprechende Mensch gehört. Unerschütterlich und virtuos ausgeführte Achsensprünge. Die Kadrierung wirkt merkwürdig daneben, d.h. an den Objekten vorbei, verkantet; als seien die Dinge zu sperrig für das Rechteck. Eine semantische Offenheit tritt ein, die Bilder verlieren ihre eindeutige Bedeutung, anstatt des bestimmten Dings mit seinem Namen – oder eher seiner Benennung – zeigt die Kamera ein paar Dinger und den Raum dazwischen, überhaupt verschiebt sich die Gewichtung von Ding und Leere, in vermeintlich schiefer, erhöhter Untersicht und in dem, was normalerweise als truncation gescholten würde. Die Begriffe rutschen ab, die Dinge jedoch zerfließen nicht, sie erstrahlen mit Sinn (was Godard zwei Jahrzehnte später zur Vollendung führt). Denn die Zeiten, in denen das Krümelmonster ein Bild mit einem Apfel in der Mitte hochhält und die beiden Kinder "Apfel" rufen, sind spätestens seit

Magritte vorbei, und die scheinbar alltäglichen Elemente der Stadt verlieren dann ihren landläufigen Sinn, wenn sie öfter oder länger oder aus einem schieferen Winkel gezeigt werden, als dieser Sinn es benötigt, er schließlich aus dem Bild herausgedrückt wird und die Frage stehen lässt, wenn nicht das Namenwort gemeint ist, was dann? Das Wissen, dass die Denotation des Bildes der Tod seiner Bedeutungen ist, macht den Unterschied aus zwischen storytelling und Film. Antonioni, und vor allem Godard, zeigen keine Bilder von Dingen, sondern Dinge in Bildern. Und für alle, die's noch nicht verstanden haben, setzt Antonioni eine mutige Montagesequenz an den Schluss, wiederholte Anschauungen der Stadt, einiger Menschen, der nun verlassenen Straßenkreuzung der ersten Annäherung, anstelle eines "Endes", oder gerade als das Ende, das die vorherige phoney Szene des Liebesglücks ein falsches Ende nicht werden lässt, sie negiert, als Narrenparadies aufhebt in einem umgreifenderen Fluss der Melancholie.

La notte 1960
Nichts hinzuzufügen. Moderne funktionalistische Stadt, von Anfang, aus entlarvendem Winkel. Zur hektischen Leere der Geld verkaufenden Innenstadt, zur solemnen Leere der geplanten Vorstädte, deren hineingelegter Sinn ihrem Äußeren jeden Sinn entzogen zu haben scheint, deren Oberflächen, wenn unbenutzt und menschenleer, durch den Sinn hindurch ins Absurde ragen, gesellen sich hier modernes Kranken- und Bürgerhaus. Ersteres als in diesem Sinne Kranken-Haus, – das Air der Hospitalität, der Gastlichkeit, das im Hospital noch mitschwingt, ist lang vergessen –, als Gesundungsfabrik, in deren Prozedur jedoch vom Mens sana in corpore sano je ein Teil nur übrigbleibt. Der intellektuelle Freund verendet, die verrückte Nymphomanin ein paar Zimmer weiter bleibt körperlich aktiv. "Operation gelungen, Patient tot." sagt er noch. Dann Verführungsszene vor weißer Wand.
   Die Dinge rütteln an den Gitterstäben ihrer Begriffe.

Ein Partisan in Hollywood: **Michael Lehmann** (1993)

Die Winona-Ryder-Filmreihe im Metropolis beschert uns ab heute nochmal einen der wenigen subversiven Hollywood-Filme der letzten Jahre. Michael Lehmanns Erstling *Heathers*, schon 1988 gedreht und seither höchstens selten in deutschen Kinos gezeigt, wurde vor knapp zwei Jahren von den hiesigen Schisshasen nur verschämt auf Video herausgebracht.

Denn wie auf einer Schlachtplatte präsentiert er die Yuppiekratie einer "typischen" US-High School, die wir in zahlreichen lustigen High School-Filmchen liebgewonnen haben. Drei Mädchen mit hübschen Gesichtern und demselben Vornamen regieren ihre Schule in einer zeitgemäßen Form des Matriarchats: Wer nicht reich und schön ist wie sie, fliegt raus. Veronica (Winona Ryder), eine gepeinigte Außenseiterin, darbt still vor sich hin und wartet auf Rettung.

Mitschüler J.D. (Christian Slater), der Anarchist mit dem Zynismus eines Blade Runner, dem Freiheitswahn von Godards Pierrot le fou und der Knarre Dirty Harry Callahans, löst endlich die im repressiven Schulalltag gebundenen Kräfte Veronicas, und gemeinsam dezimieren sie die Unterdrückerinnen, unter ihnen sinnigerweise eine gute Bekannte: Beverly Hills 930567-Knuddelmaus Shannen Doherty.

Regisseur Lehmann, der in Tübingen Hegel und andere Deutsche Idealisten studiert hatte, (aber trotz des deutschen Namens Amerikaner ist,) brach in Hollywoods Filmwelt mit ähnlicher Verve ein wie J.D. in seine Schule. Schon sein studentischer Abschlussfilm an der kalifornischen Kommerzschmiede USC fiel ein wenig aus dem Rahmen. Der bodenständige Midwest-Farmersjunge der vor der Entscheidung steht: väterlicher Hof oder weite Welt, Archetyp des dortigen Abschlusskinos, ist bei Lehmann ein vielbeschäftigter Drogenhändler. Titel: *Beaver Gets a Boner* – Beaver kriegt einen Steifen.

Dem von der Kritik gewürdigten Einstand *Heathers* folgten 1989 *Meet the Applegates*, ein Plädoyer für terroristische Gottesanbeterinnen, und schließlich sein Big-Budget-Fiasko, *Hudson Hawk*, dieser grotesk unterschätzte Geniestreich, in seiner Gehässigkeit gegen den Hollywood-Kanon offenbar so subtil, dass niemand etwas merkte und der Film als buntes Bruce Willis-Vehikel durchfiel. Vom tumben Popcorn-Publikum missachtet und von der Kritik gehasst.

Diese Lehmanns filmische Gerichtetheit war in *Heathers* schon angelegt. Christian Slater, dessen diabolisch keuchende Stimme nur unsynchronisiert zu hören ist, richtet beileibe nicht nur strahlende Mitschüler. Vergnügt trampelt der Film auf dem Genre herum, dem er seine Existenz verdankt. Doch ist er keine Parodie, keine ironische Umschmeichelung des High School-Genres, sondern dessen freudige Exekution. Wenn schon verrückt, dann richtig.

Short Cuts (1993)

Sie alle sitzen im selben Boot, reich und arm, krank und gesund, glücklich und unglücklich, und müssen sich derselben Angriffe erwehren, auf ihre je eigene Art. Zumindest, wenn es sich um einen Luftangriff von Insektenvertilgern handelt, die im Schutze der Morgen-dämmerung ganze Stadtteile von Los Angeles unter einem Pestizidteppich begraben. Er ist das einigende Band, das unsere Hauptpersonen wenig später in die Handlung entlässt, wo ihre eingangs ceteris paribus dargestellten grundver-schiedenen Lebensimpulse sie unerbittlich aus- und gegen-einander treiben werden.

Der Rest ist Ehekrach und Ehebruch, Mord und Totschlag, Entzweiung und Versöhnung, Trauer und Randale, und frei nach Kurzgeschichten von Raymond Carver, für deren Verfilmung Altman jahrelang hausieren gegangen war, bis mit dem Erfolg von *The Player* endlich genügend Leute

Vertrauen in ihn hatten. Der Lohn für das lange Warten war ein verdienter halber Goldener Löwe in Venedig, die andere Hälfte bekam Krzysztof Kieslowskis unausstehliche Innerlichkeitsoper *Trois couleurs: bleu.*

Die Idee, zwei Dutzend Charakteren in ihren Lebenszusammenhängen und gegenseitigen Verwicklungen zu folgen, ist nicht neu, schon gar nicht bei Robert Altman. Der epische Duktus, der einem Film von über drei Stunden Länge von Anfang an innewohnt, ist es auch nicht. Der Bonus des Überraschenden fällt weg, und der Film tut sich anfangs schwer, den Zuschauer für seine scheinbar beiläufig und interesselos erzählten Geschichtchen zu interessieren, für seine vielen, hastig eingeführten Figuren, in deren Lebenslauf er gesprungen ist und wo es seine Zeit dauert sich zurechtzufinden. Zu unverbunden scheinen die gut 20 Hauptpersonen, zu uninteressant ihre jeweiligen Tätigkeiten, zu uninspiriert auch die filmische Darstellung, die ganz im normal banalen mainstream der nahen Aufnahmen und knappen Schärfentiefe sich bewegt und so eine Eigenbewegung der Figuren jenseits des Drehbuchtextes noch verhindert.

Man muss sich erst einleben in diesen Film, zusehen, wie die Persönlichkeiten und ihre Abhängigkeiten untereinander sich langsam herausarbeiten, ein faszinierendes Netz der Beziehungen weben, das nur ganz selten den Zufall bemüht (wie den, dass der von Tim Robbins ausgesetzte Hund ausgerechnet Huey Lewis zuläuft). Und nach und nach gibt die Erzählung sich Blößen, bricht Leben durch die Routine, hören die Schauspieler auf nur zu "spielen" und reden durcheinander wie früher bei Altman, strebt die Musik über die Untermalung hinaus, und sei es durch Abwesenheit. In diesen Momenten inszeniert Altman eine Unmittelbarkeit, die ergreift, die etwa den Tod eines Kindes in der geistigen Klarheit erscheinen lässt, die solchen Augenblicken eignet, ganz ohne die gemeine geigengeschwängerte Gefühlsseligkeit. Vielleicht wäre hier, gemäß des Unterschieds von rational und rationell, den die gnädige deutsche Sprache uns gewährt, eine Unterscheidung zu setzen zwischen emotional und emotionell.

Allmählich auch fügen die Bruchstücke sich zu Geschichten, formen ihre eigene erzählerische Logik jenseits der klassischen Dramaturgie, die sie zusammenführt oder getrennt ablaufen lässt, unerbittlich dem gemeinsamen vorläufigen Ende entgegen, einem mittelschweren Erdbeben. Jedoch geschieht diese Entwicklung in Einzelstückchen keineswegs "kaleidoskop-artig", wie unsere "lieb-doofe Filmkritik" (Georg Seeßlen) schreiben wird, als "lebendig-bunte Bilderfolge". Es ist eine Art entropischer Dramatik, die die Figuren vorantreibt, deren Welt, so sehr sie sich auch versöhnt und albern geben, unumkehrbar der Auflösung zustrebt. Angedeutete Triebe werden ausgelebt, latente Konflikte brechen hervor, Mücken mutieren zu Elefanten. Umgangsformen werden ruppiger, die Schwelle zur Barbarei wie zur Dümmlichkeit schwindet. Unfähig oder unwillig, über ihr Tun zu reflektieren, betreiben die Protagonisten den eigenen Verfall, sowohl moralisch als auch physisch. Das erneut gemeinsam erlittene Schicksal des finalen Erdbebens, das als "Schlussklammer" einen Zwischenstand zulässt, zählt drei Tote, eine zerstückelte Wohnung, diverse zerrüttete Ehen und zerstörte Existenzen und nebenbei die gruselige Gewissheit, dass die kurzfristig einigende Gefahr von außen, die doch noch nicht the Big One war, unsere Leidtragenden bald wieder in die Hölle des eigenen Lebens werfen wird.

In den letzten Jahren entstanden einige Exemplare dieser multi character form, wie Altman sie nennt, unter ihnen John Sayles' *City of Hope* und Lawrence Kasdans *Grand Canyon*, beide 1991. Letzterer ist mit allen Parallelen zu *Short Cuts* wunderbar geeignet zur Darstellung zweier grundverschiedener Weltanschauungen. Kasdan, in dessen *The Big Chill* vor gut zehn Jahren eine Gruppe Emporkömmlinge ihren Verfall sozialer Werte beklagte, versuchte dann, durch dieselbe Generation ebenjene Werte wieder hochzustemmen und verhob sich dabei gründlich. Auch hier gab es viele frustrierte Figuren denen viel passiert, doch statt Tod und Krach wurden ausgesetzte Kleinkinder großgezogen und Weiße von Schwarzen vor Negern gerettet. "Du musst bei dir selbst und im Kleinen anfangen, sagt der Film, indem er alle angerissenen gesellschaftlichen Konflikte vom Tisch fegt und an seinen Hauptfiguren den individuellen Triumph der Brüderlichkeit über die sozialen Widersprüche vorführt. In der Schlusssequenz vereint er die schöne Harmonie aller denkbaren Gegensätze: Klassen, Rassen, Generationen und Geschlechter, Natur und Zivilisation, Ironie und Pathos." schrieb Sabine Horst damals in epdFilm und formulierte gleichzeitig ein Negativ zu Altmans Film.

Der Rekurs auf US-amerikanische Mythen als Rahmung und einigendes Band, bei beiden vorhanden, deutet auf Allgemeingültigkeit des Gezeigten, aber schon hören die Gemeinsamkeiten auf. Kasdan begnügte sich mit dem frommen Wunsch, die angesprochene Schlussszene, worin die Helden ihre geschundenen amerikanischen Seelen in die wohligen Schluchten des Grand Canyon baumeln lassen, möge auf die Nation abstrahlen. Altman dagegen präsentiert bei weitem nicht nur gutwillige Menschen sondern allein empirische, in denen der Schweinehund sich wiedererkenne; ganz abgesehen von der emblematischen Kraft der drei möglichen Formen des unnatürlichen Todes, nämlich Tötung, Selbstmord und Unfall, die die unschuldigsten der gezeigten Personen ereilen. Eröffnet wird dieses Theatrum americani von jenem nach Art verträumter Vietnambilder inszenierten Luftangriff, komplett mit Hornissen und Agent Orange, und beschlossen mit einem Erdbeben, das wenigstens im Englischen synonym ist mit Umwälzung, mit Erschütterung, die, in figürlicher Rede, keine geologische sein muss. Das langerwartete Big One steht ansonsten noch aus.

Fraglich bleibt, ob der halbe Löwe Anerkennung ist oder nicht irgendwo Knebel, Ruhigstellung, auf dass Altman sich in der Sicherheit wiege, man habe ihn verstanden.

Liebe und andere Geschäfte (*A Business Affair*) (1994)

Das Genre des Dreiecksdramas schmückt sich gern damit, die vermeintliche Grundkonstellation der dramatischen Situation überhaupt und damit auch des klassischen Erzählfilms darzustellen. Eine Person gleich Monotonie, zwei Personen gleich Harmonie, drei Personen gleich Konflikt gleich Drama, weiß der gewissenhafte Drehbuchseminarist und stößt Drehbücher aus, die dieser Weisheit allzuoft aber auch nichts hinzuzufügen wagen. Das Einschließen dreier Figuren – am besten gemischtgeschlechtlicher – in der Hand-lung wie in einer Arena reiche aus, sie mehr oder weniger gesittet aufeinander losgehen zu lassen, denn die Interessen des sozialen Individuums, so gebietet es die dramatische Tradition, reichen gerade mal zum Nächsten, und alles darüber hinaus erzeugt Konfrontation.

In den letzten Monaten erreichten uns solche Schmonzetten wie Lynes *Unmoralisches Angebot*, Campions *Piano*, Scorseses *Zeit der Unschuld*, auch Chabrols *Die Hölle* und ähnliche Dutzendware von Malle, Sautet, McNaughton, Timm usw. Sie alle vertrauen darauf, mit der Dreierformel allein ihre dramatische Schuldigkeit geleistet zu haben, die Ausfüllung des Grundkonflikts nimmt noch immer ihre ganze Zeit in Anspruch, und wenn an ihnen darüber hinaus noch etwas interessiert, so ist dies flatterndes Beiwerk und höchstens Kür. Dazu kommt, dass die Variatonsmöglichkeiten einer Geschichte mit drei Hauptpersonen rein statistisch eher begrenzt und so zumindest die naheliegendsten Lösungen schon unendlich durchgekaut sind.

Da freut man sich als Kritiker über ein Paradebeispiel wie *Liebe und andere Geschäfte* von Charlotte Brandstrom. Die Variablen in der dramatischen Gleichung sind diesmal ausgefüllt von Alec Bolton, einem Erfolgsschriftsteller, Vanni Corso, seinem impulsiven Verleger und Kate, seiner Frau, und dargestellt von Johnathan Pryce, Christopher Walken und Carole Bouquet. Kate ist gelangweilt von ihrem Job als Model und schreibt an ihrem ersten Roman, der erfolgreich zu werden sich anschickt. Bolton will ihr ein Dasein außerhalb der treusorgenden Künstlergattin nicht zubilligen und schmollt, was Kate wiederum in die offenen Arme Corsos treibt. Sie heiratet ihn und schreibt einen zweiten Roman. Als dieser sogar besser als der erste zu werden droht, bekommt Corso die gleichen Anwandlungen wie der Ex-Mann, der nebenbei andeutet, seinen Fehler eingesehen zu haben. Nach erneuter Trennung macht Kate Alec wieder Hoffnungen.

Dies alles ist im Einzelnen gar nicht mal schlecht, zumal Brandstrom zwei großartige Schauspieler zur Verfügung standen und eine -rin, die zumindest mehr kann als für Chanel schön zu sein, außerdem mit Willy Kurant ein erstklassiger, u.a. godardgestählter Kameramann. Auch die Dialoge (Drehbuch: William Stadiem) haben ihre lichten Momente, wenn etwa Bolton seiner im kreativen Rausch steckenden Frau beleidigt vorwirft, ein wahrer Schriftsteller könne einen Roman nicht einfach so in den Laptop tippen, er müsse vorher leiden.

Das Exemplarische aber an diesem Film ist nicht nur, dass das Drama entsteht aus der ritterlichen Standardsituation der zwei Männer, die sich um eine Frau balgen, (die umgekehrte Situation hat leicht den possierlichen Charme des mud-wrestling, wie Cyril Collard in *Wilde Nächte* so wunderbar zeigte,) sondern vor allem dass nach 20 Minuten jeder, der schon mal im Kino war, den Rest des Films erzählen kann. So kaltschnäuzig gibt er seine dramatische Grundkonstellation als Wert in sich aus, grad als hätte er das Rad erfunden, so erhaben dünkt er sich über den staunenden Zuschauer, dass der Film es nicht für nötig hält, eine schon tausendmal besser gesehene Handlung im mindesten zu variieren. Ohne zur Seite zu sehen reißt er die fürs (angedeutete) happy ending benötigten Sequenzen ab, abgesehen vielleicht von einem dramaturgisch völlig über-flüssigen Trip aller Hauptpersonen nach Spanien, der sich vermutlich den spanischen Koproduzenten verdankt.

Brandstrom behandelt ihr Thema als eine Art Fetisch, scheinbar aufgeladen mit mystischer Kraft, der nur auf den Altar gestellt werden muss, um zu erstrahlen in vollem Glanz. Das Charakteristische einer Struktur ist aber ihre fehlende Substanz, und jeder Fetisch leuchtet nur mit der Kraft, die vom Gläubigen in ihn hineingelegt wird.

Aber es gehe doch um etwas ganz anderes, mag Mancher einwenden, der Film erzähle doch nur im alten Gewand von aktuellen Dingen, von brennenden Problemen der emanzipierten Frau der Neunziger, deren Befreiung noch lange nicht vollzogen ist. All diese vermeintlich alten Geschichten, auch die oben namentlich genannten, behandelten in ihren Konflikten doch grundlegende moralische Fragen. Ganz genau: Du sollst nicht geldgierig sein, du sollst deine Treue nicht verkaufen, du sollst deine Frau ehren, du sollst auf dein Herz hören, du sollst nicht über Gebühr eifersüchtig sein, du sollst deiner Frau ihre Freiheit lassen, etc.pp. – Das passte auf zwei Gesetzestafeln, aber Leute wie Chabrol sind sich nicht zu schade, einen solchen Sinnspruch auf Spielfilmlänge aufzublasen.

Abgesehen davon, dass im neueren "Frauen"film die Emanzipiertheit der Heroine sich meist an der Verve misst, mit der sie sich von einer Männerbrust an die andere wirft (die autoritäre Persönlichkeit von Campions *Piano* z.B. bedürfte noch einer gesonderten Untersuchung), werden hier die verstaubtesten Kalenderweisheiten der neuerdings nach Werten geifernden Masse hingeworfen, die etwas braucht, ihre Untaten in Moral zu kleiden; es wird ein Dekalog der Sekundärtugenden entworfen, der das Altbekannte in neuer Form als Neues auftischt als käm's frisch vom Ethik-Symposium. Und wenn unsre Lieblinge uns dies larger than life vorführen, dann glauben wirs nochmal so gern, ganz wie früher der Verkehrskasper uns mühelos Dinge verklickerte, die wir zu Hause nicht mehr hören mochten.

Und all die moralische Disziplinierung will sich nur entzünden an der destabilisierenden Intrusion des Dritten. Mit zwei Figuren lässt sich eine Welt erobern, bei dreien dominiert Besitzstandswahrung. Bedenkt man, dass offenbar schon die pure Existenz einer harmonischen Dreierbeziehung, bei Truffaut etwa oder Godard, einen utopischen Gehalt hatte, wird einem weh ums Herz.

Drei Farben: Rot (1994)

Die Idee mit der Trilogie war schlau: Nur wer die Filme mag, wird sich alle drei ansehen, und wer sich sonst über einen von ihnen abfällig äußert, dem wird vorgehalten, dass sie erst als Kompositum ihre Wirkung voll entfalten. Ein weiterer Grund für diese Trilogie über "die Ideale der Französischen Revolution" ist schwer zu fassen, da die betreffenden Teile höchstens am Rande von ihrem jeweiligen "Ideal" sprechen. Und wenn, dann nur in einem zweifelhaften, regressiven Sinn, der mit der emphatischen positiven Besetzung der historischen Bewegung endlich gar nichts mehr gemeinsam hat.

Wir erinnern uns: Die Freiheit in Blau meinte nicht etwa Befreiung sondern das hilflose Zappeln im Nichts, nachdem ein Schicksalsschlag einer Frau ihre Familie und damit ihre Bande zum eigenen Leben, ihren gesellschaftlichen Boden entzogen hat. In die Bindungslosigkeit getreten driftete sie apathisch vor sich hin, bis sie dem Freund des Hauses nachgab und erlaubte, sie aus dieser "Freiheit" zu erlösen. Die Brüderlichkeit von Rot nun wird angesprochen nicht als Solidarität, man zweifelt dagegen offen, ob sie wirklich Menschenliebe sei oder doch nicht eher die Furcht vor dem schlechten Gewissen, sprich purer Egoismus.

Von der Ankündigung einer filmischen Ausgestaltung von Begriffen der politischen Philosophie blieb doch nur die Veredelung banalen Kunsthandwerks mit hehren Worten. Allein die jeweiligen Farben ließen sich entsprechend in Szene setzen: Penetrant bläuliches Licht und später laut auf sich weisendes Rot an allen möglichen Ecken hielten sich schon für die Einlösung des Titels, ganz in der magischen Vorstellung, die Farbe selbst sei bereits das Konzept. Der eigentliche geistige Anspruch konnte sich zwischen so viel Farbenpracht davonstehlen.

Valentine (Irène Jacob), Studentin und Fotomodell in Genf, wohnt einen Steinwurf entfernt von Jurastudent Auguste (Jean-Pierre Lorit). Sie kennen sich nicht, haben beide Lebenspartner, laufen öfter mal aneinander vorbei und sind schon füreinander bestimmt wie es nur jemand zu bestimmen vermag, der offiziell mit Gott nichts am Hut hat, wie Kieslowski, und deswegen um so unbekümmerter das Schicksal walten lassen kann.

Per Zufall trifft Valentine auf einen pensionierten Richter (Jean-Louis Trintignant), der einem Prospero gleich über die Leben seiner Mitmenschen gebietet: Als Richter verfügte er über das weitere Schicksal seiner Angeklagten, nun sitzt er in seinem mit geliebten Büchern vollgestopften Haus in einem Genfer Nobelvorort wie auf einer Insel, hört per Funkgerät die Telofongespräche seiner weiteren Nachbarschaft ab und telefoniert häufig mit dem "persönlichen Wetterdienst".

Mit Genuss verschafft sich der alte Mann einen Überblick über das Beziehungsnetz seiner sich selbst nur vereinzelt wahrnehmenden Objekte, einen gleichsam auktorialen Standpunkt, der aus den sich überlagernden Einzelproblemen ein Ensemble destilliert, eine Art Sittenbild der unmittelbaren Umgebung. Die individuelle Wettervorhersage lässt ihn jedem seiner Schützlinge ein gegenwärtiges oder zukünftiges Wetter zuordnen, hinter der Zusammenführung aller Einzeldaten schimmert der zukünftige Verlauf seiner großen Geschichte durch, die der Richter mit gezielten Eingriffen selbst fortschreiben kann. Zum Schluss wird er gehorsam das glückliche Ende inszeniert haben, das von Kieslowski schon befohlen war.

Sehr lehrreich zeigen uns der Regisseur und sein Coautor Krzysztof Piesiewicz, wie man eine faszinierende Idee gleich im Ansatz abwürgt. Dem immer enger sich ziehenden Netz von persönlichen Geschichten, die im Haus des alten Mannes ihren Schnittpunkt finden, helfen sie von Anfang an mit einer Unzahl beinah metaphysischer Verkettungen und Zufälle auf die Sprünge, die ebendiesen zentralen Verwalter im Grunde überflüssig machen.

Der Hund, den Valentine anfährt, gehört praktischerweise dem Richter, der Überblick hat über das Leben des ihr von der Vorsehung zugedachten quasi-Nachbarn, da nämlich dessen Freundin Karin (Frédérique Feder) im Haus gleich hinter dem des Richters wohnt und die gleichzeitig den telefonischen Wetterdienst betreibt, wodurch er erfährt, dass sie wiederum mit ihrem neuen Lover nach England entfleucht, wohin Auguste ihr selbstverständlich nachreist, auf dessen Spur wiederum der Richter Valentine schicken kann, als sie just zur selben Zeit ihren Freund im selben Land besuchen will. Puh.

Dieser etwas verwirrende narrative Kurzschluss ließe sich fortsetzen. Dass dies alles so gut klappt weiß der Richter, weil aus welchen Gründen auch immer Auguste als Jurastudent auf mysteriöse Weise die exakten Ereignisse nachlebt, die sein Leben vor etlichen Jahren geprägt haben, einzig saß er hinterher ohne Frau da. Usw. Zuletzt entblödet sich Kieslowski nicht, einem Unglück der Kanalfähre genau sieben Personen entkommen zu lassen, und zwar just die Hauptfiguren seiner ganzen Trilogie, was selbstverständlich jeden Restzweifel am fehlenden Zusammenhang der Filme vom Tisch fegt.

Abgerundet wird das narrative Ornament mit dem Standbild der geretteten Valentine in der Fernsehberichterstattung, das ihrem vorher überdeutlich inszenierten Reklamefoto sehr ähnelt. Heilige Einfalt. Vielleicht erklärt mal jemand diesem, wie er fortwährend beteuert, vom Zufall faszinierten Cineasten, dass ein Zufall vor allem Zufälliges produziert und irgendwann seinen Sinn verliert, wenn er ständig als deus ex machina herbeigezerrt wird, der Erzählung zu ihrem Ende zu verhelfen.

Die Schiffskatastrophe, die des Richters neue Ziehtochter und ihren Traummann endlich zusammenbringt, macht die Parallele zum Sturm noch deutlicher, wie auch den vermutlichen Sinn von Kieslowskis PR-Gag, er wolle fürderhin keine Filme mehr drehen: Die Ähnlichkeit zu einem anderen letzten Werk möge auch dieses im Allgemeinbewusstsein verankern. Und das möglichst bis zum nächsten Film.

P.S.: Vielleicht hat man's gemerkt: Ich habe *Weiß* nicht gesehen. Da muss ich ja drei tolle Filme verpasst haben.

Das Relikt (1997)

Das ewige Lamento der Klassizisten unter den Cinephilen, dass mit dem Niedergang des Studiosystems vor etwa 40 Jahren die Filmkunst selber unumkehrbar Schaden genommen habe, hat ein wahres Element. Einzig der klassische B-Film nämlich, den niemand drehte, um reich zu werden, sondern um die laufenden Kosten der Studios zu decken, ist mit ihm verschwunden. Abseits der Erwartungen, die an Prestigeproduktionen gestellt wurden, war er ein eigenwilliges Konstrukt aus genrebedingter Standardisierung und ästhetischer Autonomie, die speziell im Bereich des Horror und der Science Fiction die z. T. aberwitzigsten und surrealsten Geschichten hervorbrachte, die einem Star anzubieten niemand auch nur im Traum gewagt hätte.

Im Zuge der Blockbusterkalkulation der vergangenen 20 Jahre, die den Mainstream auf das Gleis einer ästhetischen Normierung zurück rangierte, hat sich nun auch die Situation des zweitrangigen Genrefilms geändert. Gerade als er vor wenigen Jahren die 100 Mio-Dollar-Schallmauer durchbrach, hat der große Hollywoodfilm den ökonomischen Ort freigeräumt für ein Kino, das die erweiterten Absatzmärkte und neugeschaffenen Technologien nutzen kann, ohne auf Riesenerfolg und damit auf Originalität setzen zu müssen. Das auseinandergezogene Feld der US-amerikanischen Filmproduktion lässt wieder Filme zu, die ohne Megastars und niegesehene Special Effects sich auf ihr eigenstes Grundmotiv konzentrieren können. Das kann freilich mächtig ins Auge gehen, wie zuletzt bei *From Dusk Till Dawn*. Es kann aber auch Produktionen hervorbringen, die nichts mehr und nichts weniger sind als gute Genrefilme, die einfach sagen was sie zu sagen haben und die trotzdem nicht wirken wie im Hinterhof zusammengeschustert.

Wie im Fall von *Relikt*, einer Geschichte von einem mythischen Monster aus dem südamerikanischen Dschungel, eines aus den Hormonen eines seltsamen Schleimpilzes sowie unterschiedlichen Kleintieren mutierten Hybridwesens, das sich in den Kellern eines naturhistorischen Museums einnistet, um den ihm erreichbaren Menschen das Hirn rauszureißen und zu essen.

Der Film weist viele Vorzüge des klassischen B-Films auf: a) eine simple, örtlich begrenzte Idee als Kern der Geschichte, b) geradlinige Schauspieler, die nicht Star genug sind, als dass viel Zeit für ihre komplizierten Charaktere vergeudet würde, c) das kolportagehafte Zusammenwerfen der die Menschheit gegenwärtig aufregenden Themen, in diesem Fall Aberglaube, Gentechnologie und Viren aus dem Urwald, und d) vor allem den Mut, die Integrität und Prägnanz jener Grundidee durch eine schlüssige Handlung nicht unnötig zu behindern. Es muss eine ungeheure Anstrengung gewesen sein, allen zweifelnden Fragen – z.B. danach, warum das Monster, wenn es so viele Hirne braucht, statt in dem Keller zu sitzen nicht einfach durch ganz Chicago stiefelt – die Stirn zu bieten, um dieses einzigartige dramatische Bild festzuhalten, dass ein sich allen zoologischen Ordnungen entziehendes Mischwesen unerkannt in den dunklen

Eingeweiden eines für ihn zuständigen Museums sitzt und es von innen zernagt. Das ist weit mehr als ein lustiger Zufall, die Autoren entwerfen damit eine Art topographische Psychologie der Naturwissenschaften, und damit einer gesamten vulgärwissenschaftlich fundierten Welteinrichtung, die vor lauter Zerteilungen und Konservierung der Begriffe in Spiritus deren unterirdisches Zusammenwirken nicht fassen kann und machtlos davorsteht, wenn deren Eigenbewegung mal wieder handfest wird und Menschen frisst – sodass einzig der Weg der Zerstörung noch offen bleibt.

Als Krönung hat der Film eine gruselige Eröffnung mit einem führerlos vor Chicago treibenden Frachtschiff, ist obendrein spannend und verleugnet keineswegs seine Zugehörigkeit zur Popkultur: Deren neue Archetypen des abergläubischen Bundesbeamten und der rothaarigen skeptischen Wissenschaftlerin (hier: Tom Sizemore und Penelope Ann Miller) entspringen direkt den *X-Files* (worin wiederum Agent Cooper von *Twin Peaks* und Agent Starling von *Schweigen der Lämmer* einander zugeteilt wurden), ebenso liebgewonnene Momente wie "Scully, untersuchen Sie das hier." Wer dem Film nun vorwerfen wollte, er sei nur eine aufgeblasene Folge *X-Files*, der berührt das Wesen des wahren B-Films in denunziatorischer Absicht und soll doch in seine ins A-Fach monströs hochgezüchteten B-Filme rennen, in *Independence Day*, *Kopfgeld*, *Dante's Peak*, *Michael*, etc.pp.

(Erschienen in der *tageszeitung*, 6. 5. 1997)

Eisberg aus dem All: *Deep Impact* (1998)

Weltuntergänge wo man hinkuckt: Kaum ist im Cinemaxx um die Ecke der Traum des 19. Jahrhunderts zum letzten Male im Eismeer des Weltkriegs versunken, ist nun die Realität des 20. an der Reihe. Ein riesiger Komet fliegt auf die Erde zu, und die ehemals verfeindeten Nationen der Welt raffen sich auf, zusammen das Unglück abzuwenden und bereiten sich gleichzeitig auf den Super-GAU vor. Die Aussichten sind nicht die besten: Schlägt der Komet mit voller Wucht ein, überspülen Flutwellen die Küstenregionen und nach wenigen Wochen ist wegen Verdunkelung durch Fallout jegliches Leben auf der Oberfläche verschwunden.

Die Blockbusterkalkulation Hollywoods, alles auf einen Film zu setzen, der alles abräumen und damit nicht nur die eigenen, sondern möglichst auch die Unkosten der zahlreicheren unvermeidlichen Flops eines Studios begleichen könnte, erbrachte den produktiven Ehrgeiz, alles was man an Universalität, Plotkonstruktionen sowie Effekten zu einem Thema irgendwie auffahren kann, in einem einzigen Werk zu konzentrieren und damit dem Mainstreamkino bis dahin ungesehene Spektakel zu bescheren. Obwohl inhaltlich eher schmalbrüstig, boten Sachen wie *Jurassic Park*, *Twister*, *Lost World* oder *Independance Day* zumindest der puren Schaulust Unvergleichliches.

Der Nachteil ist, dass dabei manchmal das rechte Maß verlorengeht, man alles hineinstopfen möchte, was sich jemals im Kino bewährt hat und jedes Detail bis zum Anschlag aufbauscht. Das allein wäre nicht schlimm, wenn es das lästige Limit von zweieinhalb Stunden nicht gäbe, das die wenigsten überschreiten dürfen.

So aber entstehen Filme wie *Deep Impact*, der anfängt wie ein Verschwörungsthriller, worin eine mutige Journalistin (Tea Leoni) der Regierung Geheimnisse entreißen will. Kaum warmgelaufen ist er auch schon zuende, als ebendiese Regierung mit jener umkämpften Nachricht, dass ein Komet auf die Erde zurase, prompt an die Öffentlichkeit geht. Man habe kurz zuvor die Regierungen der Welt darüber informiert und in Missouri schon seit Monaten riesige Höhlen in die Berge gegraben, worin eine Million Amerikaner den apokalyptischen Winter überstehen könne. (Wozu, nebenbei, die anderen Nationen jetzt nicht mehr so recht Zeit haben werden.)

Es beginnt das Katastrophenszenario des angekündigten Todes, das die Erdbewohner zwingt, ihre letzten Dinge zu regeln und die verbliebene Zeit so intensiv wie möglich zu nutzen. Per Lotterie ausgewählte Bürger dürfen in die rettende Höhle, selbstverständlich "Arche" genannt, worein demgemäß auch zahlreiche Tierpärchen verfrachtet werden. Die persönlichen Geschichten, die in dieser geradezu existentialistischen Situation des Seins-zum-Tod kleine Dramen von Freiheit und Verantwortung hätten sein können, verpuffen jedoch weitgehend teilnahmslos. Die Versöhnung der Journalistin mit ihrem Vater (Maximilian Schell), der ihre Mutter verlassen hat, ist genau wie das Dramolett eines pubertierenden Pärchens (Elijah Wood & Leelee Sobieski), deren Liebe der Prüfung durch jene über Leben und Tod entscheidende Lotterie unterzogen wird, nichts mehr als ein hastiger Griff in die Kiste mit dramatischen Fertigteilen, die immer bemüht wird, wenn einer Figur ohne großen Zeitaufwand ein "Charakter" implantiert werden soll, jener Fetisch des üblichen Erzählkinos, der einmal mehr eine lebendig konzipierte und gespielte Figur auf die Ausführung einer stereotypen Ersatzhandlung reduziert. Einzig das Detail der Mutter der Journalistin (Vanessa Redgrave), die erfährt, dass niemand über fünfzig bei der Lotterie teilnehmen darf und daraus die bittere Konsequenz zieht, hebt sich in seinem tragischen Potential über das Einerlei des Plots hinaus.

Selbst das Sintflutmotiv, das in jeder Weltuntergangsgeschichte steckt und im Intérieur der Titanic so eindrucksvoll ins Bild gebracht war, reicht bis kurz vor Schluss nicht über das Namedropping hinaus. Bis dahin, wenn nämlich die Effektmeister wie die Kavallerie zu Hilfe kommen, tun die Autoren und Regisseurin Mimi Leder, die schon ihrem Erstling *Projekt: Peacemaker* nichts zu seiner solide unterhaltenden Durchschnittlichkeit hinzufügen hatte, wenig, das Missverhältnis zwischen dem eschatologischen

Gewicht des Stoffes und der relativen Biederkeit der Ausführung zu mildern.

Nur das *Apollo 13*-hafte Nebendrama, worin ein russisch-amerikanisches Raumschiff (mit Robert Duvall als Apolloveteran) auf dem Kometen landen und ihn von seiner Bahn sprengen soll, zeigt eine annähernde Synthese von stringentem Drama und wirklich beeindruckenden Bildern. Und gerade das Fehlschlagen dieser Mission liefert außer einem Bild tragischer Hybris den dramaturgischen Trick, der es erlaubt, die Erde zu retten und doch nicht auf apokalyptische Bilder verzichten zu müssen – worin die Ereignisse sich schließlich derart überstürzen, dass, wenn ich richtig gesehen habe, eine riesenhafte Flutwelle New York aus zwei gegenüberliegenden Himmelsrichtungen gleichzeitig überfluten kann.

U-Turn (1998)

Eine der unsinnigsten und gleichzeitig widerstandslos hingenommenen Konstanten der neueren Filmkultur ist das Phänomen, dass überzeugte David Lynch-Fans Oliver Stone so hassen. An dessen neuem Film nun wird deutlich warum. Und ebenso, warum es in Wirklichkeit viel komplizierter ist.

Es fängt an wie ein Roadmovie: der amerikanische Westen, eine Landstraße, ein Mann, ein Auto, drogengeschärfte Wahrnehmung. Bobby Cooper (Sean Penn) ist mit einer prallgefüllten Tasche auf dem Weg nach Las Vegas, um irgendeinem Mafioso einige Tausend Dollar Wettschulden zu bezahlen, als der Wagen mitten in der Wüste verreckt und gerade noch ins nächste staubschwangere Kaff ausrollen kann. Der eingeborene Automechaniker (Billy Bob Thornton) versichert ihm, der geplatzte Kühlerschlauch sei im Nu ausgewechselt, und er könne in der Zwischenzeit drüben im Städtchen namens Superior etwas essen.

Dort trifft Cooper auf einen blinden Indianer (Jon Voight), der ihn gleich herumkommandiert, den Sheriff (Powers Boothe), dem jeder Fußgänger verdächtig ist, und eine hispanische Schöne, Grace McKenna (Jennifer Lopez), die ihn mit Aussicht auf mehr in ihr Haus lockt. Dort wiederum trifft Cooper auf ihren gut doppelt so alten Mann Jake (Nick Nolte), der genug gesehen hat und ihn einigermaßen handfest aus dem Haus wirft.

Direkt nach dieser kurzen Exposition der Hauptfiguren darf das Drama beginnen. Derselbe Jake McKenna gabelt Cooper mit dem Auto an der Straße auf, wirbt um Verständnis und bietet ihm 20.000 Dollar dafür, dass er seine Frau umbringt, weil sie mit jedem Mann der Stadt ins Bett hüpfe. Cooper, dem kurz darauf seine Tasche mit dem lebensnotwendigen Geld zerschossen wird, willigt gern ein.

Als er in geeignetem Moment zur Tat schreiten will, kneift Cooper und lässt sich im Gegenzug von Grace dazu verführen, lieber Jake umzubringen, dessen versteckte 100.000 Dollar zu nehmen und zusammen zu verschwinden.

Dieser zweite soll nicht der letzte abrupte Seitenwechsel des Films gewesen sein, und mit jedem weiteren Zug der Personen – nach einer Art dramatischer Entropie – produziert er für jedes Quentchen Übereinkunft an der einen an anderer Stelle nur größere unheilvolle Verstrickungen und mehrt die Zahl der übelwollenden Verfolger: vom Automechaniker, der statt den Wagen zu reparieren ihn auseinandernimmt und ständig mehr Geld verlangt, über einen russischen Geldeintreiber des Gläubigers in Las Vegas bis zum eifersüchtigen Dorfelvis (Joaquin Phoenix), dessen keckes Nymphchen (Claire Danes) sich Cooper an den Hals wirft. Und wie zu beweisen war, sind die Gesetze der Natur erbarmungslos: Als der aufgewirbelte Staub sich wieder legt, hat das Städtchen einige Einwohner weniger.

Alles geklaut!, jault nun der Lynchianer und verweist auf Filme wie *Blue Velvet*, *Twin Peaks* oder *Wild at Heart*, postmodernes Durcheinander von anderer Leute Arbeit!

(Wobei sie das Attribut postmodern, wohlwollend gewendet, ansonsten gern für sich reklamieren.)

Gemeint ist damit, dass Stone einmal mehr ein zähes Pasticcio auf die Leinwand wirft, das auf den ersten Blick unförmig, wulstig, zusammengeklaut und überladen erscheint; in der fortdauernden Inszenierung jedoch wird es mit einem Kunstwollen verstrichen, das die inneren Texturen, Verästelungen und Verklettungen des durchaus heterogenen Materials heraustreten lässt, ohne die sich überlagernden und einander durchscheinenden Schichten auf eine Ebene breitzuwalzen. Eine Hommage an den Film noir der 40er sei der Film, wirbt das Presseheft, und doch ist er nicht nur das, sondern – wie seine Vorgänger *Natural Born Killers* und *Nixon* – vor allem eine wilde Montage von Versatzstücken aus Film, Literatur, Geschichte und Gegenwart, die nur deswegen überladen wirken mag, weil Stone die mannigfaltig zusammenhängende Welt der Phänomene nicht analytisch filetiert, will sagen didaktisch isoliert und entschärft, sondern in gerade der zusammengebackenen Pastosität auf die Leinwand drückt, in der sie auch in der äußeren Wirklichkeit am Werke ist. Mit seiner speziellen Technik der Collage – welche, nebenbei bemerkt, gerade nicht postmodern, sondern Urbestandteil der modernen Kunst war und ist – umgeht Stone quasi die vorordnende Instanz des menschlichen Bewusstseins, die eine bedrohliche komplexe Realität auf maßvolle Begriffe aufteilt, zurechtstutzt und so goutierbar macht, und lässt die Macht der mit Geschichte angereicherten, wildwuchernden Wirklichkeit mit voller Wucht auf den Zuschauer niederfahren. Wenn dieser sich darob erschlagen fühlt, dann liegt die Schuld nicht beim Regisseur.

So zumindest bei *Natural Born Killers* und natürlich bei *Nixon*, Stones Opus Magnum, einem Werk, das, weit davon entfernt, sich mit dem Menschen Nixon aufzuhalten, nichts weniger als eine umfassende Charakterstudie des Landes Nixon entwarf und das, wenn nicht noch sehr viel passiert, mit Sicherheit als einer der großartigsten Filme der Dekade übrigbleiben wird.

Im Fall von *U-Turn* allerdings schlägt die Methode nicht immer zum besten aus, der Film stampft zwischendurch etwas orientierungslos auf der Stelle; Stones Erzähldampfmaschine musste wohl an einem klassischen B-Picture-Stoff heißlaufen, der möglichst geradeheraus und nüchtern erzählt sein will und dem gerade deswegen die Stilisierung zum satirischen Endzeitgefecht nicht recht steht. Über lange Strecken jedoch hält er die atemlose Balance zwischen Genre einerseits und Wirbelsturm der Formen, Typen und Zitate andererseits, und die hektisch fragmentierende Narration von Kamera, Schnitt und Ton, die im noch geradlinig angelegten *JFK* so redundant und penetrant auffiel, potenziert hier in den besten Passagen das prosaische Geschehen zu einem fast synästhetischen Geflecht aus Sprache, Bewegung, Bedeutung und sinnlicher Wahrnehmung – angefangen mit der, wie beim "neuen" Oliver Stone inzwischen gewohnt, virtuosen Eingangssequenz, worin diesmal der drogenbenebelte Cooper mit einer ernüchternden Realität aufeinanderrasselt.

Genau wie David Lynch ist Oliver Stone, und das nicht nur neuerdings sondern seit jeher, ein Schlachtenmaler der amerikanischen Wirklichkeit, weswegen es nachvollziehbar ist, dass sie sich trotz ihrer durchaus verschiedenen ästhetischen Herangehensweisen, ihres variierenden Gesichtskreises und nicht zuletzt ihres grundverschiedenen Amerikabildes irgendwann auf die Füße treten würden. Ebenso nachvollziehbar ist, dass es nicht der eher hermetische Lynch, sondern eben der zunehmend raumgreifende Stone sein würde, der sich dem Vorwurf aussetzt, in fremdem Terrain zu wildern.

Auch war es nur eine Frage der Zeit, bis Stone in seiner Ahnengalerie amerikanischer Archetypen und Mythologeme, wo von Präsidenten und Popstars bis zu Börsengeiern, Vietnamkämpfern und Shotgunhelden schon einiges hängt, endlich die freigehaltenen Haken für den Drifter und den Kleinstadthorror besetzt. Die Kerouac-Helden, die Männer ohne Namen, die Easy Riders sowie Kowalski, der "letzte amerikanische Held" aus Richard C. Sarafians *Fluchtpunkt San Francisco*, sie alle sind in Bobby Cooper versammelt, als er auf seiner Reise im ewigen Lynchville strandet, mag es nun Twin Peaks, Lumberton, Big Tuna oder eben Superior heißen. Selbst der Name der Hauptfigur erinnert frappierend an einen gewissen Agent Dale B. Cooper, den es einst in den inzestuösen Mikrokosmos von Twin Peaks verschlug. Interessanterweise ist jener Name auch der einzige, der *nicht* aus dem zugrundeliegenden Roman von John Ridley (*Stray Dogs*) übernommen wurde. Irgendein Weltgeist hat es nebenbei eingerichtet, dass der Drehort des Films in der Tat den emblematischen Namen Superior trägt, in dessen Bedeutungsbreite von hervorragend, auserlesen, übergeordnet bis übermächtig die Funktion des Allgegenwärtigen und gleichzeitig Paradigmatischen bereits angelegt ist. Wie es heißt, haben die in bezug auf die Geschichte vermutlich ahnungslosen Einwohner die Filmmacher erst dazu überredet, ihre Stadt auch im Film so zu nennen.

Wie ein Westernheld, wie Eastwoods *Fremder ohne Namen* betritt Cooper nun diese misstrauische Siedlung und lässt sich abwechselnd von verfeindeten Parteien einspannen. Doch unser Held befindet sich nun nicht mehr in der mythohistorischen Vorzeit der amerikanischen Zivilisation, sondern an deren äußerstem Ende, sowohl geschichtlich als auch topographisch, und wird von den widerstreitenden Prinzipien der Wildnis wie Gier, Mordlust, Skrupellosigkeit, Wahnsinn und Eros überwältigt und umhergeworfen, statt sie gegeneinander auszuspielen und dann wie der klassische Westernheld letzten Endes in einer mehr oder minder stabilen Balance zu institutionalisieren. Die bürgerliche Zivilisation hatte letztendlich in ihrer weiten Peripherie kapitulieren, d.h. jenen animalischen Urkräften und damit den alten feudalen Mächten das Feld überlassen müssen, die in Form von Mafia und Warlordisierung die zurückgelassene soziale Infrastruktur dankbar übernahmen.

Von daher war es auch fast eine Notwendigkeit, dass Ennio Morricone die Vertonung des Films besorgt, der Spezialist für Italowestern und Mafiathriller: Westernszenerie und neofeudale Strukturen, d.h. Früh- und Spätphase der naturwüchsigen menschlichen Gesellschaft finden in der Geschichte wie im Score zusammen und lassen die bürgerlich-rechtsstaatliche Zwischenzeit wie eine überwundene Durchgangsstation aussehen.

Hier gerade konturiert sich der Unterschied zu Lynchs Kleinstadtvisionen, worin der Held in die abgründigen Perversionen unter der dünnen Spitzendecke einer Kleinbürgeridylle einbricht, aber ohne große Blessuren wieder herausfindet und nach getaner Arbeit die Normalität oder gar das glückliche Leben wieder zuschlagen lässt. Zwar entwirft Lynch feinsinnige Barockfiguren gleich der Plastik des schönen Menschen, dessen Rückseite von Würmern zerfressen ist, doch er entwirft sie als Ausnahme, als ein Überwindbares. Das Abgründige in Form von Perversion, Wahnsinn und Inzest, das weder in Twin Peaks noch in Superior nur metaphorisch ist, kann dort noch ins Exterritoriale, gar Außerweltliche abgeschoben und daher exorziert werden, in Superior gehört es zur sozialisierenden Alltäglichkeit des Dorflebens. Das Skalpell mag das präzisere Instrument sein, aber es eignet sich vor allem dazu, faule Stellen sauber herauszuschneiden. Ein Gebäude bringt man nur mit einem Vorschlaghammer zum Wanken.

Und der Westernheld kommt zu spät: Die Ausläufer der einst verrechtlichenden Institutionalität sind selber Wildnis geworden. Gerade als Cooper einen immer verzweifelteren Versuch startet, durch Zahlung seiner Schulden wieder ein Stück weit Gleichgewicht in jenes chaotische Mächtespiel zu bringen, das ihn bis dahin offensichtlich gut ernährt hat, verstrickt er sich in einer Art verdrehter Illegalität. So etwas tut man nicht: *Honesty doesn't pay.*

Was kurz anfing wie ein klassischer Roadmovie endet lang als dessen düstere Kehrseite. Sein umhertreibender Held nämlich erfährt nur da seine Freiheit, wo er sie sich selber er*fährt*, wo er der faulenden Sesshaftigkeit entkommt, wo er seinen gefahrvollen Weg, der ihn immer wieder und notgedrungen durch das weite dunkle Herz Amerikas führt, selber gestalten kann; dann verdient er sich sein Leben und trifft lustige Theaterkommunen oder nackte Mädels auf Motorrädern. Sollte er aber angehalten werden oder gar feststecken, dann verfängt er sich im Dornengestrüpp der ländlichen Sitten, bis er durchschmort wie ein blockierter Filmstreifen im Projektor.

(Erschienen in *Jungle World* 17/1998)

Star Trek (1998)

Zeige mir deine Star Trek-Rezeption, und ich sage dir wer du bist. In den USA beispielsweise erscheinen Bücher (wie vor ein paar Jahren *Enterprise Zones*) mit Aufsätzen über die verschiedenen Formen der Männlichkeit bei Captain Kirk, die Konstruktion des Weiblichen bei Counselor Troi, oder auch Ltd. Worf als metonymischer Signifikant der nationalen, ethnischen und rassischen Differenz (kein Witz). Man beginnt sich zu fragen, womit sich die amerikanische Intelligenz in den letzten 20 Jahren ohne die philosophische Spiegelfechterei ihrer Postmoderniker die Zeit vertrieben hätte.

In Deutschland dagegen, im Land des U & E, schreibt man Bücher über *Star Trek – zwischen Unterhaltung und Utopie*. Die Intention der Herausgeber, bzw. der Veranstalter des ihm zugrundeliegenden Symposions an einer Berliner Universität (und auch der späteren Leser), liegt auf der Hand: Als einigermaßen gebildeter Mensch möchte man gute Gründe dafür finden, warum man sich Nacht für Nacht vor den

Fernseher hängt und bei einem exemplarischen Produkt der Kulturindustrie kostbare Zeit verstreichen lässt; von dem Geld, das man für Bücher, Sonderhefte, Computerspiele, Spielkarten, Tassen etc. hinauswirft, ganz zu schweigen.

Daher ist es natürlich sehr erfreulich, neben den ganzen, oft nur halbherzig literaten Fanpublikationen im deutschen Sprachraum endlich eine gelahrte Untersuchung über das Thema in den Händen zu halten, und sei es auch nur, weil dieses vielleicht größte Massenphänomen der nichtmusikalischen Populärkultur eine theoretische – oder gar ästhetische – Erörterung verdient, die über naserümpfende Soziologisierung und feuilletonistische Verspottung des kostümierten Conventionpublikums hinausgeht.

Die Aufsätze des Buches folgen einer groben Einteilung in schwerpunktartige Darlegungen des Serieninhalts und Erklärungen zum Faszinosum einerseits und Untersuchungen zum intellektuellen Mehrwert der Sache andererseits, der ziemlich einmütig in deren utopischem Gehalt gesucht wird.

So wissenschaftlich vorbildlich diese Heranführung an das Thema ist, so überflüssig mag sie hier sein, insofern es ziemlich unwahrscheinlich ist, dass irgendjemand das Buch kauft, der nicht schon voll und ganz in der Serie steckt. Darüber hinaus sind einige Aufsätze, auch solche einführenden, durchzogen von inhaltlichen Ungenauigkeiten bis schlichten Unwahrheiten, die die folgende theoretische Einschätzung doch merklich entwerten. (Für Eingeweihte: Zum Beispiel wurde natürlich nicht das gesamte Kollektiv der faschistoiden Borg von Hughs Individualität infiziert, sondern nur eine kleine Gruppe, die fortan marodierend durch die Gegend zog. Spätestens ein kurzer Blick in die Inhaltsangabe des neuesten Kinofilms hätte das klargestellt.) Dies mag der Tatsache geschuldet sein, dass einige der Autoren, wie einem Tazartikel über eben dieses Symposion zu entnehmen war, sich vorher erst ein paar Cassetten hatten zukommen lassen müssen, weil sie von der Materie nicht übermäßig Ahnung hatten. Bezeichnend daher, dass im allgemeinen die Texte der Herausgeber, den Serieninhalt betreffend, am fundiertesten sind.

Zu kleinen inhaltlichen Ärgernissen tritt ein Lektorat, das offensichtlich übergangen wurde, um das Buch so schnell wie möglich auf der Welle mitschwimmen zu lassen. Das fängt auf dem Buchrücken an, wo einige Monate nach Erscheinen des achten von "mittlerweile" sieben Kinofilmen die Rede ist und einmal mehr Staffel mit Serie verwechselt wird. Im Inneren folgen Klopfer wie der, dass 'Counselor' allen Ernstes als 'Counciller' stehenblieb.

Erfreulicher ist natürlich der theoretische Teil, der jedoch an der Vorgabe krankt, das "Phänomen Star Trek" unter dem Begriff der Utopie untersuchen zu sollen. Da wurden die Schwärmereien der weltferneren Fans etwas zu ernst genommen, die sich aus einigen Handlungsmaximen der Figuren eine eigene Philosophie zusammenbasteln wollen und in quasireligiöser Verzückung sich davon hinreißen lassen, dass Star Trek ihnen eine in jeder Hinsicht bessere Welt präsentiere.

Denn selbstverständlich erschöpft die Serie (der Einfachheit halber verstehen wir den aus mehreren Filmen und Fernsehserien bestehenden Komplex Star Trek einmal als zusammenhängende Überserie) sich nicht darin, eine ideale Welt auszumalen, im Gegenteil, schon *Deep Space Nine*, die Nachfolgeserie zu *Star Trek – The Next Generation*, wurde von vielen Fans dafür getadelt, dass sie zu düster, disharmonisch und beinahe pessimistisch sei. Und auch die Enterprise kann beileibe kein Modell für eine menschenwürdige Gesellschaft sein, insofern die Aufrechterhaltung der humanistischen Ideale keineswegs für deren allseitige Durchsetzung bürgt; und auch wenn das Betriebsklima gut ist, bzw. alle Miglieder der riesigen, bunt zusammengewürfelten Besatzung nach dem Bedürfnisprinzip leben, sich gegenseitig Vertrauen entgegen bringen und sich aufeinander verlassen können, ohne gleich aufs Geld zu schielen, dann ist das zwar lobenswert, aber immer noch ein auf militärischer Befehlskette beruhender Zusammenhalt, den man in der Form auf jedem normalen Flugzeugträger findet.

Das ist auch den angefragten Autoren aufgefallen, sodass die eigentümliche Situation entstand, dass sie stapelweise Utopietheorie und Science Fiction-Poetik auffuhren, um der Serie anzulasten, dass sie nicht das sei, was die Veranlasser der Untersuchungen ihr untergeschoben hatten. Dies trieb mitunter merkwürdige Blüten, wenn beispielsweise aus der Masse der Utopietheorie mit einem Hans Freyer ausgerechnet ein Autor als maßgeblicher Gewährsmann herausgefischt wurde, der Mitte der 30er in Deutschland publizierte. Dessen totalitäres, xenophobes und führerzentriertes Utopieverständnis erweist sich erwartungsgemäß als ziemlich unkaschiert dem dortigen Zeitgeist verwandt. Um so ärgerlicher, wenn das Paraphrasierte dann – mit einem Kunstgriff, der einem normalerweise nach dem zweiten Semester ausgetrieben ist –, nur weil es gedruckt in einem Buch steht, über Wörter wie "somit" oder "also" nicht als Autorenmeinung sondern als unumstößliche Wahrheit in die Argumentation eingeht.

Überhaupt bekommt man den Eindruck, dass einige der Autoren in der Untersuchung eines utopischen Gehalts in Star Trek statt Wissenschaft zu betreiben lieber die Gelegenheit nutzten, persönliche Rechnungen mit der jüngsten Vergangenheit zu begleichen. Der gute Wille, eine allseitig glückliche und menschenwürdige Gesellschaft herbeizuführen, wird Veteranen wie Thomas Morus zwar noch hoch angerechnet, doch ist man sich recht einig, dass spätestens mit dem Ansatz der Verwirklichung einer solchen klar geworden sei, dass zur Utopie immer ein Moment der Unterdrückung und des Zwangs gehöre und sie somit als Beglückung unweigerlich scheitern müsse. So entstehen denkwürdige Pirouetten für Startrekfreunde: Star Trek ist doof, weil es den Anspruch, Utopie zu sein, weit verfehlt. Aber es ist dann auch wieder gut, weil Utopien ja selber doof sind. Als Bestätigung wird dann am Schluss wieder der in diesem Diskurs unvermeidliche Foucault aus dem Hut gezaubert: Das aufklärerische Ideal der Toleranz und Verständigung sei, da es u.a. bei den Borg nicht geklappt habe (was, wie einmal mehr Hugh zeigt, schlicht nicht stimmt), an seine Grenzen gestoßen und gescheitert. Damit sei die einst im Namen des abendländischen Humanismus vom Stapel gelaufene Enterprise durch ihr letztendliches Ungenügen selber zur Stichwortgeberin eines Paradigmenwechsels geworden, der "Aufklärung der Aufklärung", die allerdings keineswegs eine konstruktive kritische Reflexion der Aufklärung über ihre eigenen Grundlagen im Sinn hat, wie die Kritische Theorie sie betrieb, sondern ihre Abschaffung, als deren Ergebnis sich zeigen soll, dass der Mensch nicht etwa als ein zu emanzipierendes Geschöpf zu gelten hat, sondern als ein heteronomer Furz unter anderen Fürzen im Universum.

Am medientheoretisch fundiertesten und sorgfältigsten erfolgte die Entweihung der Serie bei Knut Hickethier, dem übrigens einzigen, der darauf hinwies, dass es nicht vier, sondern fünf Star Trek-Serien gibt, auch wenn es sich bei der fünften um eine durchaus vernachlässigenswerte Zeichentrickreihe aus den Siebzigern handelt. Alleszertrümmernd stieß er die Serie vom Sockel eines Orakels für alle Lebenslagen und reihte sie ein in die selbststabilisierende Serienproduktion der Unterhaltungsindustrie, deren Fortbestand dadurch angetrieben wird, dass anerkannte und liebgewonnene formelhafte Erzählparameter nach Ausstoß gleich wieder vorne in den Betrieb eingespeist werden, um die konditionierte Anhängerschaft auf unabsehbare Zeit dranzuhalten. Auch der vermeintliche utopische Gehalt einer Serie, oder gar eine dazugehörige Philosophie sui generis, sei dann nichts weiter als ein kulturindustrieller Vermögenswert, der, wenn der Wind der Zustimmung sich dreht, problemlos gegen ein anderes Ideologem ausgetauscht werden könne.

Auch als Startrekphiler muss man über diesen Kahlschlag froh sein, da er den Blick freigibt auf die viel weitergehenden, aber auch bodenständigeren Qualitäten der Serie, denn eine andere Konstante der kritischen Kulturtheorie besagt, dass selbst in der auf Profitmaximierung fixierten Unterhaltungsmaschinerie Fernsehen bzw. Film sich Inhalte und Potentiale herausbilden könnten, die der Verdummung durch Repetition zuwiederlaufen und intelligente, künstlerisch herausragende oder gar subversive Produkte hervorbringen, wenn nur ein zahlendes Publikum dafür in Aussicht steht.

Der intellektuelle Vorsprung gegenüber anderen Produkten der Unterhaltungsindustrie, den die Gläubigen fortwährend mit leuchtenden Augen anpreisen, ist bei Star Trek ja durchaus vorhanden, nur darf man nicht unterstellen, dass die Macher der Serie, allen voran natürlich Gene Roddenberry, dann Autoren wie Rick Berman, Michael Piller, Ronald D. Moore oder Brannon Braga, sich das aus den Fingern gesogen hätten. Im Gegenteil, anstatt eine esoterisch angehauchte, singuläre Science Fiction-Privatphilosophie in die Welt zu senden, fügt sich der ideelle Hintergrund der Serie bruchlos in die bestehende neuzeitliche Tradition des Humanismus, der Aufklärung und der Wissenschaft, und die Ernsthaftigkeit und Tiefe, mit der die Serie sich beispielsweise Fragen nach Freiheit, Gerechtigkeit, Individualität, persönlicher Verantwortung, dem Sein der Dinge oder dem Wert des Lebens widmet, ist dem gewohnten Ausstoß des populären Films tatsächlich um einiges voraus. So sind zahlreiche Folgen entstanden, die weniger als aktionsreiche Dramen denn als raffinierte Gedankenspiele gelten müssen, als Reflexionen in Ethik, politischer Theorie oder theoretischer Physik.

Genauso ist die Art der Erzählung keineswegs eine Novität oder eine dem utopischen Duktus der Serie eigene bewusstseinerweiternde Qualität; wieder im Gegenteil steht sie, neben der für die einzelnen Folgen geforderten Beherrschung der Regeln des dramatischen Erzählens, ganz in der Tradition der abendländischen Epik, in deren linearer Konstellation ihrer einzelnen Geschichtchen ein allgemeiner Weltzustand beschrieben ist. Die Reise der Helden, die meist im Mittelpunkt des Epos steht, führt sie nicht nur an den äußersten Enden der bekannten Welt, sondern gleichzeitig an denen der möglichen Daseins- und Verhaltensweisen vorbei. Und was könnte heutzutage sonst als Volksepos gelten, wenn nicht der, allgemein gesprochen, serielle Film, der gerade durch seine ökonomische Abhängigkeit vom Publikum dessen Vorstellungen mit in die inhaltliche Kontinuität hineinwirken bzw. sie zumindest antizipieren muss?

Natürlich sieht dies so aus, als setzte man wieder einmal einem Stück Trivialkultur eine zu große Krone auf die Schultern, indem man es durch direkte Beziehung zur höchsten Kunst zu adeln versucht. Von der künstlerischen Vollendung her mag es einen gestandenen humanistisch Gebildeten schütteln, seinen Homer mit etwas wie Star Trek verglichen zu sehen, doch darf man nicht vergessen, dass gerade die großen Epen der griechischen Antike nicht geschrieben wurden für die einsame Lektüre einer schmalen Elite, sondern – überwiegend mündlich überliefert – von den Rhapsoden in die hintersten Winkel des Landes getragen wurden, um vor Publikum gesungen zu werden. Vor diesem noch älteren Hintergrund beginnen die alten Grenzen von Populär- und Hochkultur zu verschwimmen, und Fernsehen und Kino haben, gleichsam als fahrende Sänger der Moderne, den Ruf einer großen Tradition zu verteidigen. Und wenn man den zivilisatorischen Stand einer Kultur nicht an ihrer Elitekunst, die sich noch die finsterste Diktatur irgendwie leisten kann, ablesen wollte, sondern an ihrer Populärkunst, dem ästhetischen Ausdruck der Massen, dann gäbe das Beispiel Star Trek Anlass zu – ansonsten leider unangebrachter – Zuversicht.

Weiterhin konnte gerade Star Trek sich – mit der in Laufzeit und Seriendichte projektierten schieren Masse an Erzählpotential – erlauben, eine moderne Neuerzählung antiker Mythenwelten zu wagen. Denn auch die Serien *Raumschiff Enterprise* bzw. *Next Generation, Deep Space Nine* und *Voyager* sind nicht viel anderes als futurologische Versionen der alten Sagenkreise um die Argonauten, den trojanischen Krieg und die Irrfahrten des Odysseus. Auch wenn die strukturelle Übereinstimmung der beiden triadischen Erzählkomplexe bis in ihre mythohistorische Abfolge und narrative Abhängigkeit reicht (die jeweiligen Söhne der Argonauten zogen gegen Troja), muss man eben nicht davon ausgehen, dass die Autoren der Serie den Bezug explizit einplanten – so etwas hätte Paramounts Promotionabteilung längst an die große Glocke gehängt. Vielmehr darf man vermuten, dass beide Epenkomplexe, und natürlich nicht nur die, auf einen gemeinsamen narrativen Kern zurückgehen, der sich desto deutlicher ausformt, je materialreicher und ausgedehnter die Geschichte wird. Das poetische Grundmotiv der Störung einer ursprünglichen Ordnung und der Wiederherstellung dieser Ordnung realisiert sich auf der umfassenden Ebene der epischen Welt-Reise als Aufbruch, ferne Konflikte und Heimkehr.

In dieser Hinsicht kann man diese griechischen Epen genauso als frühe Version von Star Trek betrachten, wie dieses als deren Neuerzählung. Die Entsendung des Heldenschiffes Argo unter Iason in die Ferne, um, nach diversen Abenteuern, aus Kolchis das Goldene Vlies wiederzuholen, ist sowohl Grundform als auch Frühform der späteren Missionen der Enterprise, komplett mit der außergriechischen Medea als Love interest. Ebenso ist das jahrelange Verharren am fernen Gestade, bei gelegentlichen Scharmützeln mit dem angrenzenden Feindesreich, das Grundgerüst sowohl in der Geschichte um die Belagerung Trojas durch die Griechen, als auch in derjenigen von der Raumstation Deep Space Nine in der entlegensten Ecke des Föderationsraumes, die im Verlauf der Serie immer weiter in einen Konflikt mit dem unfreundlichen Dominion auf der anderen Seite des nahen Wurmlochs gezogen wird. Am deutlichsten schließlich ist die strukturelle Ähnlichkeit in den Irrfahrten der Voyager, die, von einem übermächtigen Wesen an die entferntesten Ufer ihres Weltmeeres geschleudert, auf der Suche nach einem Weg nach Hause mit den merkwürdigsten Wesen und Völkern Bekanntschaft machen muss.

Die Parallelen lassen sich im Einzelnen fortspinnen; so hat auch Star Trek seine gelegentlichen Eingriffe der Götter in die Menschenwelt, neben Einzelauftritten von Überwesen wie Nagilum, dem Fürsorger oder kleineren Dämonen aus dem Subraum sind es vor allem die Q, besonders deren einer, der nach Gusto aus seinem überweltlichen Kontinuum herniederkommt, mit den Menschlein seinen Schabernack treibt und damit dem Begriff des homerischen Gelächters einen neuen Inhalt verleiht. Auch Halbgötter, z.B. in Gestalt des Reisenden und seines Lehrlings Wesley Crusher, fehlen nicht, und wer mag, kann sich noch daran erfreuen, dass den rund 24 Folgen einer Staffel die jeweils 24 Gesänge der Homerischen Epen gegenüberstehen.

Doch die Qualitäten der Serie sind auch damit noch nicht erschöpft. Wie jedes Kunstwerk, verstanden als Produkt aus dem Bereiche der Kunst, trägt sie nicht nur ihre Ursprünge mit sich, sondern spricht auch von der Zeit ihrer Entstehung, und das sehr eloquent. Dass sie außer der grundlegenden Sagenwelt des Abendlandes auch spätere Erzählmotive in ihrem universalen Geschichtengefüge wiederaufnimmt – von *Beowulf* bis *Casablanca*, von Shakespeare bis *Alien*, von Sherlock Holmes bis *Die Hard*, und von den literarischen und filmischen Vorlagen der zahlreichen Holodeckspielereien einmal abgesehen – und damit die Vorstellung einer integralen, bei aller Heterogenität doch kontinuierlichen abendländischen Erzähltradition erst sinnfällig macht, ist nur die eine, auf das eigene Feld der Poetik beschränkte Seite. In einem möglichen dicken Buch über Ästhetik und Gehalt von Star Trek müssten zudem große Kapitel stehen über, z.B., die verschiedenen politischen Verwicklungen in den inneren und äußeren Beziehungen der Völker und deren unmissverständliche Vorbilder in unserer Gegenwart. Es müsste geschrieben werden über charakterologische Konstanten und deren Entfaltung durch die verschiedenen Serien mit ihrem Figurenreichtum hindurch, über die Realisationsformen des Nichtmenschlichen bzw. später Nichthumanoiden in der Entwicklung der Serie – von Spock u. a. über Worf, Data, Odo, Dax bis zum Holodoktor –, die einen Höhepunkt in der poetischen Konsequenz fand, nach dem drolligen Androiden Data mit dem Formwandler Odo keinen weiteren Hofnarren, sondern einen nach außen stoischen, doch von Leidenschaften durchstürmten thomasmannischen Helden zu schaffen.

Es müsste geschrieben werden über den fragwürdigen Aspekt, dass – ausgerechnet – die Barkeeper der drei zentralen Raumfahrzeuge jeweils ein ins Extrem verdeutlichtes Phantasiebild des Judentums verkörpern, von philo- bis beinahe antisemitisch: Guinan, die weise und geheimnisumwoben durch die Zeiten wandert und deren Volk von den Borg vernichtet bzw. in der Galaxis zerstreut wurde; der Ferengi Quark, der charakterlose Schacherer, dessen Volk seine Toten zerstückelt und meistbietend verkauft; und der gewitzte nomadisierende Alleshöker Neelix mit den tausend Beziehungen. Und man müsste über das seltsame Phänomen ein Wort verlieren, dass die Drehbücher der Serien mit fortdauernder Laufzeit nicht etwa verflachen, sondern fast kontinuierlich ausgefeilter und eloquenter werden.

Schließlich müsste man schreiben über den utopischen Gehalt der Serie, den wirklichen, der zwar klein und nebensächlich gehalten wird, aber doch den Fuß in der Tür zu einer besseren Welt behält. Zum einen nämlich ist es schon mal utopisch, dass es im 24. Jahrhundert überhaupt noch Menschen gibt, denen es darüber hinaus so gut geht, dass sie durchs Weltall fliegen können. Zudem wird oft erwähnt, dass auf der Erde Armut, Kriege, Krankheiten etc. – so ziemlich jede Geißel der Menschheit – ausgerottet sind. Dieses Erzählmoment mag jedoch weniger einem bedingungslosen

Optimismus geschuldet sein als einer Art anthropischen Prinzips: Wenn die Menschheit sich nicht irgendwann zusammengerauft hätte, gäbe es zu jener Zeit höchstwahrscheinlich keine Menschheit mehr, von der zu berichten sich lohnte.

Auch war der gesellschaftliche Fortschritt keineswegs ein kontinuierlicher: Vom 21. Jahrhundert wird immer wieder angedeutet und auch ausführlich erzählt, dass es grausame soziale Konflikte und sogar einen nuklearen Winter erlebte. Das käme also noch auf uns zu. So betrachtet erscheint Star Trek zwar unwahrscheinlich, aber doch fast realistischer als Seriengeschichten wie *Babylon 5* oder *Space Rangers*, worin die Menschen schon rund 500 Jahre mit dem Industriekapitalismus leben und immer noch vergleichsweise wohlauf sind.

Das führt uns zum eigentlichen, stillen Sprenkel von Utopie in der Serie, auf den man deren Finanziers besser nicht aufmerksam macht. Abgesehen davon, dass auf der Erde, wie man hört, paradiesische Zustände herrschen, wird öfter erwähnt, dass auf der selben Erde auch das Geld abgeschafft wurde. Nota bene! Angesichts einer höchstentwickelten, ethnisch vielfältigen industriellen Zivilisation, die keine materielle Not und keine Kriege kennt und die nicht durch Geldverkehr zusammengehalten wird, ließe schon rudimentärster ökonomischer Sachverstand nur einen Schluss zu: Auf der Erde des 24. Jahrhunderts hat letztendlich der Kommunismus gesiegt. Das lässt ja doch noch hoffen.

Unendliche Weiten – Star Trek zwischen Unterhaltung und Utopie, Hg. Kai-Uwe Hellmann und Arne Klein, Fischer TB

EDtv (1999)

Eigentlich erstaunlich, dass dieser Film erst jetzt kommt, nach Jahren hitziger Debatten über Fiktion und Wahrheit televisueller Realität und deren extreme Wucherungen wie tägliche Talksoaps, die Echtzeit-parallelwelten der daily, weekly oder gleich Doku-Soaps, "Reality TV", Nachrichtenteams, die ihre Nazischläger im voraus bezahlen oder auch all jene Michael Borns, die meinen, ein aus dem Handgelenk erfundenes Feature sei immer noch aufregender als die fade Wirklichkeit. Diskutiert wurden und werden dabei die Alternative von öffentlich-rechtlichem Auftrag der Aufklärung bzw. wenigstens minimierter Volks-verdummung vs. den ökonomischen Auftrag der Erhaltung und Sanierung eines Senders, daran angeschlossen die Frage, wer – Sender oder Empfänger, und quer dazu Populismus-apologeten oder Qualitätsheischer – die Definitionsmacht über das Medium besitzt; weiterhin die Frage, ob der Zugriff der Fernsehkamera ihr Objekt nüchtern dokumentiert oder überhaupt erst konstituiert, daran angeschlossen die Frage, was bei einem Fernsehereignis zuerst da war: das öffentliche Interesse oder seine mediale Präsenz, sowie nicht zuletzt die Frage nach dem zulässigen Grad der Identifikation von massenmedialer und Privatperson. – Alles in allem dreht es sich darum, ob das Fernsehen wirklich televisuell, im Wortsinn des in-die-Ferne-Sehens, oder nicht doch vornehmlich televisionär ist, im Sinne einer systeminternen Vision, einer inneren, sich ins Unendliche selbstspiegelnden Erscheinungswelt oder gar Halluzination, die über die eigenen Grenzen hinaus in die Ferne der Alltagswelt sich projiziert.

Das klingt nach einer schweren medientheoretischen Last, die *EDtv* zu tragen hätte, aber ganz so titanisch ist es dann doch nicht. Der Film ist weder die erste Mediensatire noch die beste, und wirklich original ist er auch nicht, basiert er doch auf der kleinen kanadischen (und französisch-sprachigen) Produktion *Louis XIX: Roi des Ondes* aus dem

Jahr 1994 (Regie: Michel Poulette). Die mediale Vergrößerung sowie Vermarktung eines Lebenslaufes war bereits vorgebildet in der Narzissmusgroteske *Mann beißt Hund* oder im Emanzipationsdrama *Truman Show*, doch *EDtv* nahm von jenem das bewusste Einlassen mit der Medienmacht, von diesem die befreiende Aushebelung der Apparatur und fügte sie zusammen zu einem umfassenden dramatischen Diskurs über das Wesen des Fernsehens.

Der Brennpunkt all jener zueinander in Konstellation stehenden mediengesellschaftlichen Prinzipien erfährt seine Menschwerdung in der Gestalt eines Ed Pekurny (Matthew McConaughy), der nach einem landesweiten Casting als ausreichend normal, gutaussehend und charmant befunden wurde, die Hauptrolle in der Dokumentation seines eigenen Lebens zu übernehmen, live und 24 Stunden am Tag. Von dem Deal sollen alle Beteiligten profitieren: Der Programmdirektorin des Kanals True TV und Erfinderin der Sendung Cynthia Topping (Ellen DeGeneres) soll er den Job und ihrem Chef Whitaker (Rob Reiner) den schlingernden Sender retten, der sich mit der Produktion traditioneller Dokumentarfilme schnell an den Abgrund manövriert hat, und Ed kriegt viel Geld dafür, einfach nur von morgens bis abends er selbst zu sein. Als Nebeneffekt strahlt ein Stück des Ruhms auf seine Familie ab, die sich fortan als waschechte Fernsehfamilie betrachten darf, mit dem entsprechenden Zugewinn an finanziellem und symbolischem Kapital, und die Fernsehgemeinde schließlich bekommt einen neuen Helden, noch dazu quasi einen aus ihrer Mitte, der mit biertrinken, poolspielen, balzen und rumalbern genau das gleiche macht wie sie, nur dass man jetzt dabei in Ruhe Popcorn essen kann und nicht mehr selber der Loser sein muss.

Abgesehen davon, dass Ed bereits von Anfang an nicht mehr das Leben eines einfachen Videotheksgehilfen führen kann – gemäß dem modernen Erfolgsmythos Hollywoods: vom Videothekar zum Filmstar – sondern fortan das eines zunehmend berühmten Fernsehstars führen muss, womit die Prämisse der Sendung sich von vornherein selber ad absurdum geführt hat, läuft es zunächst ganz gut. Ed wird reich und von den Massen geliebt, sein Bruder Ray (Woody Harrelson) leckt sich schon die Finger danach, ein eigenes Fitnessstudio zu eröffnen, das sich durch frequente Besuche des Bruders zur Goldgrube entwickeln dürfte, und beider verschollener leiblicher Vater (Dennis Hopper) taucht wieder auf, um sich mit der Familie zu versöhnen.

Doch wie zu beweisen war, schlägt die Segnung durch die Sphäre der medialen Öffentlichkeit, die sich unerbittlich um Eds Privatleben und jeden seiner Handgriffe geschlossen hat, nach und nach um und erweist sich als faustischer Pakt, der, anstatt Eds Privatleben zu veredeln, es vor seinen Augen auflöst, indem auf alles, was er in seinen unmittelbaren körperlichen Umkreis treten lässt, plötzlich der Scheinwerferstrahl des Weltinteresses fällt. Dass Ed sich nun nicht mehr morgens am Sack kratzen darf mag noch wegzustecken sein, die Entzweiung mit seinem Bruder, nur wegen eines unangekündigten und dann für alle ziemlich peinlichen Besuches, jedoch nicht mehr, und noch weniger die Trennung von seiner neuen Freundin (*Dharma & Greg*s Jenna Elfman), die die allgegenwärtigen Kameras so wenig ertragen kann wie die Tatsache, dass die Boulevardleserschaft über sie abstimmt und Ed auffordert, diese Schlampe, d.h. sie, fallenzulassen.

Zugunsten nämlich einer langbeinigen Schönen (Elizabeth Hurley), die ihre Chance eines Popularitätsschubs witterte, und deren Beliebtheitswerte nach einem zufälligen, kurzen und im Prinzip folgenlosen Anflirten auch dermaßen in die Höhe gingen, dass die Sendeleitung die Unbekannte hektisch wiederfinden lässt und dem unbedarften Ed erneut in den Weg stellt, woraufhin es auch schließlich klappt. Die ganze Fernsehgemeinde begleitet ihren Helden dann grölend zum ersten Date, wo Hurley nebenbei eine erstaunlich selbstironische Darstellung ihrer eigenen öffentlichen Persona als ewige Freundin Hugh Grants bietet, wenn sie, selbst als sie gerade dabei ist, Ed zu verschlingen, den Kameras und ihrer eigenen Pose mehr Aufmerksamkeit widmet als ihrem Szenenpartner. Letzten Endes muss selbst Ed erfahren, dass seine Krönung zum Volkshelden ihm mehr Zwänge als persönliche Freiheit verschafft, als er nämlich genug hat, seinen Handel aufkündigen will und statt seines Restgehalts tieferen Einblick in die pikante Dialektik seines Pakts erhält: Auf höchster Ebene – und wie gewohnt vor den Augen seiner Fans – wird ihm zu verstehen gegeben, dass er vertraglich gebunden sei und die Vorgabe, zu tun wozu immer er Lust hat, noch lange nicht bedeutet, dass er tun und lassen darf was er will.

Doch im Gegenzug hält auch für die Mächtigen des Fernsehens ihr Kontrakt noch eine Windung mehr bereit, als ihnen lieb ist. Ihnen wiederum ist entgangen, dass das Ausmaß an öffentlichem Einfluss, das man im Austausch für eine Seele hingeblättert hat, dem so Entseelten gerade die Macht an die Hand gibt, diese seine Seele zurückzufordern. So versucht Ed, seine Fangemeinde gegen seine Schöpfer aufzuwiegeln und fordert sie auf, den Fluch radikaler Öffentlichkeit auch an ihnen zu exerzieren: Man teile ihm jedes schlüpfrige Detail mit, das über seine Herren in Erfahrung zu bringen ist, und er werde die einprägsamsten lauthals zum besten geben. Dem Publikum, so zahlreich und anteilnehmend wie nie, steht vor fiebriger Erwartung schon der Mund offen, und die Fernsehgötter an ihrem olympischen Konferenztisch erbleichen.

Mit dieser dramaturgischen Volte, gleichsam die Blickrichtung der allgegenwärtigen Televisoren umzukehren und damit den vormals unsichtbaren Großen Bruder vor sich herzutreiben – ähnlich wie schon in seinem Vorgängerfilm *Ransom (Kopfgeld)*, worin Mel Gibson das unter aller Geheimhaltung geforderte Lösegeld für seinen entführten Sohn kurzerhand und medienöffentlich in ein Kopfgeld auf den Entführer umdefinierte –, gelang Ron Howard eine über die so billige wie hausbackene Klage über die Inhumanität des modernen Fernsehens hinausgehende, klug konstruierte

Reflexion über dessen unparteiische, selbstregulierende Allmacht, die, obwohl sie sich zu einem gefräßigen Monstrum ausgewachsen hat, niemandem wirklich zu Diensten ist als ihren eigenen Daseinskonstituenzien: dem Zuspruch des Publikums und der daran anhängigen Profitrate des Unternehmens, ob es den ihm exekutiv Dienenden nun im einzelnen gefallen mag oder nicht.

Souverän & witzig geschrieben (von dem komödien- und sitcomgestählten Duo Lowell Ganz & Babaloo Mandel), souverän & witzig inszeniert und gespielt, ist *EDtv* im Gefüge der TV-Satiren der letzten Jahre das überfällige Missing Link zwischen *Mann beißt Hund* und der *Truman Show*, deren satirische Radikalität (bei jenem) oder geradezu geschichtsphilosophische Tiefe (bei diesem) er leider nicht erreicht. Dazu ist er dann doch zu routiniert vollendet worden, sind die Autoren zu sehr in der kulturindustriellen Erzählmaschinerie verschraubt, als dass sie sich von dem unausgesprochenen Gemeinplatz lösen könnten, dass eine Satire vom "breiten" Publikum nur dann als solche gewürdigt wird, wenn sie den Zuschauer laut glucksend statt nur innerlich grinsend entlässt. So musste der Film wohl am Ende ins Zotige abrutschen und sein Publikum selber zu dem von True TV degradieren, das sich zuerst und zuletzt immer noch mit Frivolitäten über den Tisch ziehen lässt.

Das Schweigen der Lämmer, Episode I: *Instinkt* (1999)

Irgendwo in Afrika: Ein älterer europäischer Mann mit langen weißen Haaren wird aus einer landesüblichen Gefängniszelle geholt und in den Laderaum eines Lasters gesetzt, in dem zwei gerade noch kurz genug angebundene Wachhunde bereits warten und ihn geifernd anbellen. Als die Türen wieder aufgehen, liegen die beiden Hunde auf seinem Schoß und werden gekrault. Am Flughafen übergibt man ihn US-amerikanischen Offiziellen. In der Heimat angekommen, krault er nicht etwa seine neuen Begleiter, sondern verprügelt sie während eines scheiternden Fluchtversuchs. Sehen Sie einen Unterschied?

In einer Verhörzelle sitzt er später zusammen-gesunken, mit ins gegerbte Gesicht hängenden Haaren und geheimnisvoll schweigend auf einem Stuhl. Diese Atmosphäre lässt aufhorchen, nimmt er doch mit dieser Pose ein Motiv der Ikonographie des jüngeren populären Films wieder auf, jenen wohl mit Sean Connery in *The Rock* eingeführten – und von Hopkins selber als pensionierter Präsident und Bürgergewissen in *Amistad* oder auch als alternder Original-*Zorro* und als Van Helsing im früheren *Bram Stokers Dracula* inhaltlich erweiterten – Topos des längst ausgesonderten langhaarigen älteren Mannes, der irgendwoher wieder ausgegraben wird, weil er in seinem Inneren eine besondere Gabe, ein rettendes Wissen oder gar einen Schlüssel zur Menschheitsgeschichte verschlossen hält. Es ist das Antlitz der gealterten Aufklärung, dessen man sich im Angesicht barbarisierender Zustände oder simpler Unterdrückung erinnert und es, willentlich oder rein zufällig, reaktiviert, um gegen die bösen Geister vorbürgerlicher, beinahe transsylvanischer Grausamkeiten anzugehen.

In diesem Fall handelt es sich um Dr. Ethan Powell (Anthony Hopkins), einen – wie üblich: "brillanten" – Anthropo- und Primatologen, der offensichtlich eine irgendwie übermenschliche Gabe besitzt: die harmonische

Verständigung mit Tieren. Dazu irgendwoher auch übermenschliche Kraft: Nachdem er zwei Jahre als im ruandischen Dschungel verschollen galt, fiel er erstmals wieder auf, als er zwei ihm unfreundlich gesonnene Wildparkwächter zu Tode prügelte und daraufhin eingesperrt wurde. (Und die Tatsache, dass das Filmmacherquartett Jon Turteltaub (Regie), Gerald DiPego (Drehbuch, frei nach dem Roman *Ishmael* von Daniel Quinn) sowie Michael Taylor & Barbara Boyle (Produzenten) vor wenigen Jahren den Travolta-Erweckungsschinken *Phenomenon* produziert hat, soll andere dazu veranlassen, dahinter dunkle scientologische Indoktrination zu vermuten.)

In den USA landet Powell in einem Hochsicherheitsgefängnis, inmitten einer bunten Gruppe gewalttätiger Geistesgestörter, und schweigt stoisch vor sich hin, einzig unterbrochen von plötzlichen Gewaltausbrüchen gegen Eindringlinge in einen imaginären Bannkreis um seinen Körper. Erst als ein junger anzugtragender, doch wohlmeinender Psychiater (Cuba Gooding Jr.) auf ihn angesetzt wird, lässt er sich nach und nach wieder herab auf den Boden der menschlichen Sprache und erzählt seine Geschichte: Dass er nämlich vier Jahre zuvor, auf einer Gorillabeobachtungsexpedition, soviel Zuneigung zu einer Gorillahorde entwickelte, dass er freiwillig bei ihnen blieb und als Mitglied in ihre Familie aufgenommen wurde: "Nicht als Affe. Als Mensch unter Affen!", preist er seine tierische Urgesellschaft des Gemeinsinns und der Toleranz. Und jene beiden Opfer gehörten zu einem kleinen Trupp von Parkwächtern, die – seine Spur verfolgend – in sein Paradies eindrangen und seine Familie, als Horde gefährlicher wilder Tiere, einen nach dem anderen abschossen – kurz nach dem Vertrauensbeweis einer Mutter, die ihm ihr Gorillakind in seine Obhut gegeben hatte. Spätestens seit diesem seinen Dies irae hat Powell für die Welt der "Takers" – gegenüber jener der "Leavers" –, d.h. der Kolonialisten und Imperialisten und überhaupt all jener, die sich einen Zugriff auf andere Persönlichkeiten anmaßen, nichts als Verachtung und Agression übrig.

Die Fronten sind klar gesteckt in diesem Drama über die Zivilisiertheit der Zivilisation, zumal in diesem selben Gefängnis, das seine Insassen für ein gesittetes Zusammenleben zurechtbiegen soll und sich deshalb "Harmony Bay Correctional Facility" schimpft, ebenjene Gesetze des Dschungels sich eingefressen haben, die Powell in bezug auf sein eigenes Dschungelleben gerade als verleumderische Legenden der zugreifenden zivilisierenden Usurpatoren entlarvt hat. Als ein Mikrokosmos der speziell in liberalen Marktgesellschaften bewährten Mechanismen der versteckten Herrschaftsausübung und Aufruhrsverhütung wird die tägliche halbe Stunde frischer Luft nicht etwa gerecht zugeteilt, geschweige denn allen gewährt, sondern mit der willkürlichen Ausgabe einer bestimmten Spielkarte zugewiesen, deren Besitz über das Privileg entscheidet und deretwegen die Häftlinge dann beinahe rituell übereinander herfallen, bzw. die in diesem Fall der Kräftigste ohne viel Gegenwehr einsammelt. Ein Wärter erklärt, so leite man die Wut gegen das Wachtpersonal auf die Mithäftlinge um und habe seine Ruhe.

Die Unternehmung des Psychiaters Theo Caulder, zwischen beiden Kontrahenten zu vermitteln, d.h. einerseits den Strafvollzug zu humanisieren und andererseits seinen Patienten, der längst sein Lehrer über wirkliches Leben und die äußerst prekären Fundamente menschlicher Zivilisation geworden ist, dieser letzteren (und damit der zurückgelassenen leiblichen Familie) ein wenig wieder anzunähern, geht letztlich nicht so aus wie erwünscht. Caulder fliegt nach eigenmächtiger Reform aus dem Gefängnis, und Powell, aus dem bei der handfesten Verteidigung seiner neuen Familienmitglieder erneut das Tier ausbricht, verspielt damit seine Chance auf Rehabilitierung und findet schließlich einen anderen Ausweg aus der Gefangenschaft.

Übrig bleibt, nach allen aufgeworfenen und abgebrochenen Fragen, ein unmissverständlicher Moralfilm nach Art von Spielbergs *Amistad*, der bei aller routiniert gefühligen Inszenierung, bei aller hohlen Bekenntnislust des zuletzt bekehrten Psychiaters, bei aller exotisch afrikanisierenden Musik (Danny Elfman) und bei aller Verklärung einer naturverbundenen Urhorde noch durchscheinen lässt, dass in ihm eine ernsthafte Reflexion über die Natur und die Natur des Menschen stattfindet. Zumal die angesprochenen Konfliktlinien nicht stellvertretend, per umfassendem Happy ending, durch das Drama aufgelöst werden – worin angelegt ist, dass der Zuschauer seine letztendliche emotionale Befriedigung nicht mit einer realen der miterlittenen Zustände verwechselt. Eher reift das Verständnis dafür, warum gerade ein hochbegabter Mensch wie Ethan Powell nicht davor gefeit ist, freiwillig auf die wohl niedrigste Stufe der kreatürlichen Entwicklung zurückzugleiten. Für die verschiedensten genialen Irren der jüngeren medialen Kollektiverzählungen, von Hannibal Lecter bis zum Mathematikprofessor & Unabomber Theodore Kaczinsky, wäre Powell ein erklärendes Bindeglied, das wenn nicht entschuldigen, so doch die Tatsache nachvollziehen lässt, dass ein überdurchschnittlich gebildeter Mensch seinem Unbehagen an der Kultur freien Auslauf gibt; dass er, wenn eine friedliche Vermittlung von Kultur und Natur schon nicht zu haben ist, den Drang entwickelt, seiner geistigen Größe wenigstens ein ihr entsprechendes tierisches Naturell beizustellen.

Damit war Anthony Hopkins natürlich die Idealbesetzung, insofern er außer seiner Darstellungskunst vor allem die Figur des Hannibal Lecter mitbrachte und so eine über beide Rollen hinausgehende Persona erschafft, die die innere Dialektik von Wildnis und Zivilisation in anderer Gewichtung als von letzterer erwünscht zum Ausdruck bringt, und deren näheres Verhalten weniger von konventioneller Sittlichkeit als von den Lebensgewohnheiten ihrer tierischen

Anteile bestimmt wird. Künstlerische Brillanz, missionarischer Lehreifer und barbarische Zügellosigkeit sind dabei eng verschlungen: Wie Lecter, der in seinen in der Hochsicherheitszelle aus dem Gedächtnis gemalten Ansichten von Florenz einen Hinweis auf den gesuchten Serienmörder versteckte, bepinselt Powell wie ein Wilder die Wände seiner Zelle mit einer übermannsgroßen Abbildung Afrikas, anhand derer er seinem verblüfften Schüler die Topographie der beginnenden Unterdrückung nachzeichnet; gleichzeitig können sie, einmal gereizt bzw. losgelassen, eine für Zootiere ungewöhnliche animalische Raserei entwickeln.

Dabei ist Powell gleichsam der pflanzenfressende Vorläufer Lecters, noch im Prinzip friedliebend und verständig, doch sieht man an diesem, was nach längerer Haft aus Powell hätte werden können: Zusammen ergeben sie die multiple Personifikation einer zunehmend verwildernden Zivilisiertheit, welche nur deshalb aus der offiziellen ausscheren und sich gegen sie wenden kann, weil sie ihre divergierenden Impulse, das Streben nach geistgeborener Harmonie bzw. die naturwüchsig gewalttätige Triebentladung, sauber gespalten und unverstellt nach außen bringt, während die kanonische Zivilisation sie ineinanderlaufen und den einen durch den jeweils anderen zügeln lässt. – Und nimmt man darüber hinaus die oben genannten Rollen Hopkins' als des heilbringenden alten Weisen dazu, dann spinnt sich sogar eine übergreifende figurale Konstellation jener Dialektik der Aufklärung heraus, die in ihrem Vollzug zunehmend Unklarheit darüber schafft, welcher jener Impulse der logisch Frühere ist, ob ihr rationalisierender Elan auf das Barbarische nur reagiert oder es inzwischen vielmehr verursacht.

Post scriptum: Die auf den ersten Blick weithergeholte Hinzurechnung einer anderen Hopkins-Figur, seiner Meisterleistung Nixon ("I am the President. And the President can bomb anybody he likes!"), zu dieser Hopkins-Persona wirft ein zusätzliches Licht auf sowohl jenen ausgewilderten Homme de lettres als auch, hinsichtlich der gewohnten politischen Strategien der Konfliktlösung und Einverleibung von Widerständigem, auf die Ausmaße des Präsidentenamtes als Speerspitze der europäischen Zivilisation. Unter ihrem Bild steht der Sinnspruch: The President can eat anybody he likes.

"Fürchte deinen Nächsten wie dich selbst":
Millennium (2000)

Das Antlitz und das Selbstverständnis der Fernsehserie haben sich in den vergangenen zehn Jahren um einiges verändert. In eine Landschaft, die fast ausschließlich mit Krimi-, Familien-, Comedy- oder Dramaserien bestückt war, schlug David Lynchs *Twin Peaks* ein, deren fröhlich verschrobenes Amalgam aus Soap, Detektivgeschichte, Übersinnlichem und Außerirdischem dem Publikum vor Augen stellte, was es bis dahin weitgehend versäumt hatte. Im Verbund mit der wenig zuvor gestarteten Neuauflage von *Star Trek*, die bereits in den ersten Jahren das possierliche Original qualitativ weit hinter sich ließ, läutete *Twin Peaks* eine neue Epoche der Fernsehserie, vielleicht sogar eine neue Epoche der Filmkunst selber ein: Deutlich länger, inhaltlich heterogener und weniger vorweg fixiert als der Mehrteiler, dagegen dramatisch geschlossener als die in Echtzeit interesselos und letztlich untrennbar dahinplätschernde Soap, adoptierte sie das Konzept des übergreifenden Handlungsbogens, der im besten Fall jeder Folge ihr eigenes Drama ließ, aber in der – gern reale Jahre umspannenden – narrativen Chronologie, d.h. im Verlauf der Lösung des anfangs gestellten Problems bzw. der Auflösung des einen großen Rätsels, einen eindeutigen Ort zuwies. Mit anderen Worten: Die epische Form des Films, die vielleicht abgesehen von frühen Serials, dem Italowestern, James Bond, Antoine Doinel oder natürlich *Star Trek* keinen wirklichen Platz im Kino hatte, kam nun, aus ökonomischen, nicht aus ästhetischen Gründen, im Fernsehen auf ihren Begriff.

Und das interessanterweise im Genre des phantastischen Films. Gerade im engeren Bereich der Science Fiction mag das ein Grund für die Schwierigkeit sein, im Kino der Neunziger Jahre einen bedeutsamen SF-Film zu finden, mit sehr wenigen Ausnahmen: Die wirklich substantielle Science Fiction der Neunziger fand im Fernsehen statt, mit *Star Trek – The Next Generation* und dessen Verzweigungen *Deep Space Nine* und *Voyager*, mit *Babylon 5*, auch mit nachgeordneteren Sachen wie *Stargate*, *Space 2063* etc.

Auf der Seite der paranormalen Mystery war es natürlich *Akte X*, die nach *Twin Peaks*' – live fast, die young – frühem Heldentod den ästhetischen und motivischen Kanon der Dekade vorgab und mehr oder weniger gelungene Nachahmer wie *Profiler* oder *Dark Skies* nach sich zog. Allen gemeinsam war der Ansatz, einen weiten, aber (in wechselndem Maße) stringenten Spannungsbogen zu weben, was den Vorteil bot, nun in aller Detailliertheit Geschichten erzählen zu können, die vorher im Film nicht erzählbar waren (mit wenigen Ausnahmen wie *Kampfstern Galactica* in den 70ern oder dem Geheimklassiker *Nummer 6* in den 60ern).

Andererseits sind nun die einzelnen Folgen nicht mehr so einfach durcheinanderzubringen oder auseinanderzureißen, ohne dass ein gewisses Maß an Verständnis (und Wertschätzung) verlorenzugehen droht; ebenso wird es umso ärgerlicher, eine Folge zu verpassen. Die moderne Fernsehserie, mindestens aber eine Staffel ist idealerweise zu einer ästhetischen Einheit geworden, mit der ein Sender letzten Endes eine längere Verpflichtung eingeht und nicht, wie einst mit all den Serien ohne fortlaufende narrative Logik, selbstherrlich über die Folgen als fungible Füllmasse verfügen kann. (Und dass Leute, die sagen sie fänden die und die Serie doof, sie hätten davon mal eine Folge gesehen, nicht mehr unbedingt für urteilskräftig zu halten sind.)

Nun ja, wenn die Sender sich daran halten würden. Da sie es nicht wirklich tun (nicht Sat1 mit *Star Trek*, nicht RTL2 mit *Stargate*, am ehesten noch, aber auch nicht wirklich, Pro7 mit *Akte X*), starten heute neue Folgen von *Millennium*, der zweiten Kreation von *Akte X*-Erfinder Chris Carter, und zwar ab der Folge, da Sat1 die Serie vor knapp eineinhalb Jahren mitten in der 2. Staffel abgebrochen und irgendwann an Pro7 weitergegeben hat, das wiederum im letzten Jahr alle bereits gelaufenen Folgen im Spätprogramm versteckt wiederholte und das Publikum jetzt quasi in medias res springen lässt. In der Hoffnung dass alle noch auf dem Laufenden sind.

Millennium ist einen Schlag düsterer als so ziemlich alles was läuft, was ihren schleppenden Erfolg hüben wie drüben erklären mag. Im Zentrum steht der ehemalige FBI-Profiler Frank Black (Lance Henriksen), der nach einem Nervenzusammenbruch angesichts des ganzen Übels den Dienst quittierte und mit Frau und kleiner Tochter nach Seattle zurückkehrte – in ein gelbgestrichenes Haus, das ihm fortan windstilles Refugium sowie Modell der Versöhnung mit der Welt bedeutete.

Dabei blieb es nicht, denn Frank ist mit der besonderen Gabe geschlagen, angesichts eines Tatortes seinen eigenen inneren Triebtäter herauszulassen, in die seelischen Abgründe des Verbrechers sich zu versenken und so dessen Motiven, Dämonen oder gar Identität auf die Spur zu kommen. Sein alter Kumpel Bob von der ortsansässigen Polizei reaktivierte ihn umgehend, denn auch in und um Seattle gab es einige Serienmörder und andere Triebtäter zu ermitteln, die, nebenbei, immer häufiger keine gestörten Outlaws waren, sondern aus der sogenannten Mitte der Gesellschaft wirkten und ihre Werte auf pervertierte Weise verwirklichten.

Gegen Ende der ersten Staffel wurde man des "serial killer of the week" überdrüssig und wagte eine Häutung: Bob wurde getötet, die Angriffe auf Franks Seele wurden persönlicher, es deutete sich Übersinnliches an. Was nicht weiter verwunderte, arbeitet er doch seit der ersten Folge bereits für die mysteriöse "Millennium"-Gruppe, die sich dem Kampf gegen das Böse verschrieben hat, dessen Höhepunkt gerade zum Jahrtausendwechsel erwartet wurde, und die sich im weiteren Verlauf als älter, geheimnisvoller und ambivalenter herausstellte als anfangs gedacht.

So konnten wir bisher in der zweiten Staffel erleben, wie Frank von Frau und Kind verlassen wird, wie tief seine eigenen Abgründe wirklich sind, wie er eine von ähnlichen seherischen Gaben gepeinigte Leidensgenossin kennenlernt oder wie er, auf der Suche nach tausend Jahre alten Moorleichen, mit Gottfried John an den Hacken durchs Teufelsmoor bei Bremen stapft. Zu klären bleiben noch das wahre Wesen der Gruppe und deren Flügelkämpfe, die Identität jenes unheilvollen Bösen, das so leicht von einer harmlosen Erscheinungsform in die andere wechseln kann, oder natürlich wat denn nu am Jahrtausendwechsel passieren soll.

Wem die Ausgangssituation – seherische Gabe und sporadische Konsultation bei der Suche nach Triebtätern – bekannt vorkommt, der kann ermessen, was die Popkultur und speziell Chris Carter Thomas Harris verdanken, dem Autor der beiden Serienmörderromane *Schweigen der Lämmer* und *Roter Drache* (1986 unter dem Titel *Blutmond* bzw. *Manhunter* von Michael Mann verfilmt), ist dieser doch so eindeutig die Vorlage zu *Millennium* wie Agent Starling aus jenem das Vorbild zu Agent Scully aus *Akte X* (die wiederum die Persona von Agent Cooper aus *Twin Peaks* als Partner erhielt). (Ein lustiges Detail solcher Synergieeffekte ist, dass Julianne Moore, die in der Verfilmung von Harris' neuem Roman *Hannibal* Jodie Foster als Agent Starling ablöst, Agent Scully viel ähnlicher sieht.)

Doch weit davon entfernt, Abklatsch zu sein, nimmt *Millennium* – wie auch *Akte X* oder *Profiler* – Harris' Faden auf, spinnt ihn weiter und bringt dabei Bilder und Geschichten hervor, die extremer und verstörender sind als alles, was annähernd zur Prime Time gezeigt werden darf. *Sieben*, einer der großen Ahnherren der neueren Mystery, ist auch hier nicht spurlos vorübergegangen. Die Serie macht keine großen

Anstalten, ihren fatalistischen Grusel zu entschärfen, und wahrscheinlich lassen sich der unter der Oberfläche des geregelten Lebensvollzugs sich dahinziehende Schrecken und eine gewisse Aussichtslosigkeit des Daseins nicht anders sinnfällig inszenieren als in einer entsprechenden filmischen Monochromie.

Dafür musste die Serie zahlen: Blutige Visionsfetzen, eine depressive bis apokalyptische Atmosphäre, abwesende Humorigkeit, düster einsame Cellotöne, aus denen die nackte Schicksalhaftigkeit heraufklingt, und nicht zuletzt Henriksens grandios tragische Weltuntergangsvisage (der selber immer großen Wert auf harten Realismus legte) sind nicht unbedingt Leckerbissen für das breite Publikum. Entsprechend zeigten die Quoten in USA mit dem Daumen nach unten, und die auf wohl vier Staffeln angelegte Serie (1996 bis "danach", d.h. 2000) verendete noch vor ihrem magischen Datum. Ein kleiner Trost ist, dass wir, wegen der merkwürdigen Editionspraxis einiger Sender, die restlichen eineinhalb Staffeln noch vor uns haben.

(Erschienen in der *tageszeitung*, 26. 6. 2000)

Kinder des Olymp: *Big Brother*

Das Abendland steht wieder am Abgrund: Nicht nur steht die zweite Runde ins Haus, auch ist es jüngst für den deutschen Fernsehpreis nominiert worden, jenes barbarische Spiel des Lebens, in dem ein deutscher Titten- und Gewaltsender eine nach merkantiler Verwertbarkeit ausgewählte Schar von Versuchstieren für viele Wochen in ein Gefängnis sperren und von der voyeuristisch aufgegeilten Öffentlichkeit rund um die Uhr beobachten ließ. Immer von neuem wurden die Insassen wie Gladiatoren aufeinander-gehetzt, damit die johlende Meute draußen an ihrem televisuellen und auch realen

Maschendrahtzaun ihren perfiden Spaß hatte, um dann desto gieriger auf eine so schmierige wie dummdreiste Merchandising-Aktion hereinzufallen und Zeitschriften, Spiele, CD-Roms, T-Shirts, Käppis und Kaffeebecher zu kaufen, die ein millionenschwerer niederländischer Fernsehproduzent einzig und allein aus dem Grund auf den Markt brachte, um damit noch mehr Millionen zu scheffeln. Wer sich diese tumoröse Wucherung der Marktwirtschaft ansah, darüber redete oder womöglich darüber schrieb, der machte es dadurch erst zum Massenevent und sich selber mitschuldig an der grassierenden Volksverdummung.

Und wer bis hierher konform ging, der kann eigentlich aufhören zu lesen, denn es ist alles gesagt, was jene Einheitsfront aus SPD, CDU, Moralaposteln und Kulturwächtern am Rhein sich hatte einfallen lassen, um die erste Staffel im vorhinein verbieten zu dürfen (oder auch im nachhinein, wie jene hessische Landesregierung es versuchte, die eigentlich selber verboten gehört); die zweite wird wenig abweichen und die Tatsache, dass *Big Brother* nun mit Günther Jauch (für *Wer wird Millionär*) und Götz Alsmann & Christine Westermann (für *Zimmer frei*) um die Ehre der besten Unterhaltungssendung buhlt, wird höchstens den zensorischen Blutdurst anfachen. Mindestens eine Verletzung der Menschenwürde, also verfassungswidrig und daher zu verhindern sei es nämlich, einen unschuldigen Menschen in seiner Bewegungsfreiheit einzuschränken und ständiger Beobachtung auszusetzen – so flöteten dieselben Figuren, die sich noch in der Debatte um den Großen Lauschangriff irgendwie anders anhörten und außerdem kein Jahr zuvor wenig Probleme damit hatten, verfassungswidrig die Würde von Menschen anzutasten, indem sie ihnen nicht etwa beim Duschen, Spaghettikochen und gegenseitigen Kraulen zusahen, sondern nur ihre Fabriken, Hospitäler, Verkehrsmittel, Häuser und Kinder in die Luft jagen ließen. Fast möchte man beten, es sei wirklich ein wundersamer, vielleicht ja millennarischer Sinneswandel, der die bisherigen

Sachzwangverwalter des Standortes Deutschland fürderhin bei jedem Kratzer am humanistischen Ideal aufheulen lässt, und nicht bloß der Abwehrreflex einer politisch abgehalfterten Generation, die nur noch Deutsche sieht, wenn ihre "deutschen Werte" (Bild zum Thema) in volksfremder Spaß- oder sonstiger Unkultur unterzugehen drohen – und der es also offenbar unangenehmer ist, "sich und ihr Land" von einem aufgeweckten Neodadaisten wie Stefan Raab repräsentiert zu sehen als von den üblichen Heulbojen in Rüschenkleidern.

Gerade natürlich, wenn das Ganz Andere wirklich aus dem Ausland kommt, sei es normalerweise aus den USA, etwa als Flut sog. Gewaltfilme "auf unseren Leinwänden" (Tugendwächter Uli Wickert), sei es aus eben den Niederlanden, dem Land der Haschdealer und Kinderpornos, das uns Deutsche schon immer hasste. Die verbreitete Stilisierung John de Mols zum Antichristen wäre sonst nicht ganz nachzuvollziehen, produziert er zwar größtenteils Schwachsinn, doch tun dies andere auch, und auf der Verdummungshitliste (oder auch wirklich der der Menschenverachtung) rangiert sein *Big Brother* nüchtern besehen irgendwo im unteren Mittelfeld und beileibe nicht so weit oben wie *Traum hochzeit*, *Verzeih mir*, *Nur die Liebe zählt*, *Musikantenstadl*, Arabella Kiesbauer oder Birgit Schrowange.

Nicht dass an *Big Brother* nichts auszusetzen wäre, dazu traktierten sie die Bewohner zu sehr mit Lebensmittelknappheit, mit lancierten Konflikten, mit der Vorgabe entlarvender Gesprächsthemen und überhaupt mit der Spielregel, dass die Bewohner sich gegenseitig rausnominieren und zudem die Nominierten noch eine Woche mit ihren Nominierern aufeinanderhocken mussten. Die Hölle, das waren dann die anderen, aber man muss den Bewohnern in gewisser Weise dankbar sein, dass sie die gutbezahlte Seelenqual, wenn es denn eine war, auf sich genommen haben, um Sartre live aufzuführen und in der geschlossenen Gesellschaft der andauernden Konfrontation verschiedenster Charaktere und Vergangenheiten menschliche Verhaltensweisen studieren zu lassen, die anderswo als in der Einheit von Raum, Zeit und Handlung eines Terrariums nicht so klar und konzentriert zum Ausdruck kommen. Zusammenrottung und Ranküne, ungleiche Freundschaft und Heuchelei, Missverständnisse und Beleidigungen, Selbstanpreisung und psychische Embryonalstellung und nicht zuletzt unerwartete Einigkeit – es scheint, als sei der gesamte Container versammelt in der menschlichen Brust, und genauso wie jeder wissen müsste dass es absurd ist, eine jegliche Regung allein deshalb für echt zu halten, weil sie in der wirklichen Welt geschieht, dürfte man auch nicht davon ausgehen, dass sie falsch sein muss, nur weil sie im Fernsehen kommt bzw. mit rhetorischen oder gestischen Kniffen für die Außenwelt gestaltet wird. Wer würde nach der Erfahrung eines beliebigen Sektempfangs im Foyer nicht schnurstracks in den Container flüchten wollen, um ein paar verhältnismäßig echte Menschen mit echten Problemen und Regungen kennenzulernen?

Und abgesehen davon, dass jeder gehen konnte wann er wollte – und wenn ein Kandidat gezwungen wurde, sich weiterhin beim Sonnenbaden zukucken zu lassen, dann weniger mit Waffengewalt als mit Geld –, wusste jeder von vornherein, worauf er sich einließ, und das freiwillig. Daher geht jeder Vorwurf des Voyeurismus im engeren Sinne an der Sache vorbei, die Bewohner waren sich allemal im klaren, dass sie von vorn bis hinten beobachtet würden und das um so schärfer, je pikanter ihre Handlungen zu werden versprachen. Statt mit dem nackten Mädchen vor halbgeöffnetem Fenster waren sie eher mit einem Bühnenschauspieler zu vergleichen, der unten im Dunklen zwar keine Gesichter erkennen kann, doch genau weiß, wo das Publikum sitzt und mit jedem Muskel seines Körpers dafür sorgt, dass es nicht mehr und nicht weniger zu sehen bekommt als die Inszenierung genau verlangt. Den Lauschangreifern kommt mit Sicherheit einiges mehr zu Ohren als den Fernsehzuschauern.

Ganz zu schweigen von einem anderen alten Freund: Die lückenlose Überwachung nämlich, die den ihr Unterworfenen zu einem gefälligen Verhalten drängt und bei Wider-handlung Kardinalstrafen wie Manu-raus-Rufe verhängt, haben in seiner reinsten Form weder De Mol noch Orwell oder der von ihm gemeinte Stalinismus erfunden, sondern der Katholizismus, der meines Wissens noch nicht verboten ist. Aber wer mit der Warnung, Gott sehe alles, vor allem das, was sie nachts unter der Bettdecke veranstalten, kleinen Kindern lebenslange Neurosen und Verfolgungswahn verpasst, der soll bitte ganz ruhig sein angesichts einer Versuchsanordnung, die zumindest die Bettdecke intakt und Alex und Kerstin ihr kleines Geheimnis lässt, was sie nun wirklich darunter angestellt haben.

Überhaupt, Gott. War das Leben in und um den Container nicht eine fast enzyklopädische Illustration der menschlichen Verstrickungen in die Götterwelt? Da saßen Millionen in ihren Himmelspalästen und schauten gespannt und amüsiert in ihre Wasserbecken, hinunter auf ihre kleinen Schützlinge, wie sie ihr belangloses Leben tändelten und um die Gunst der Götter buhlten. Wie im Trojanischen Krieg liebten die einen jenen Helden und die anderen den, und wenn es hart auf hart kam, dann gingen sie ihren Schützlingen schon mal zur Hand, führten ihren Speer, jubelten ihren Namen von außen herein oder warfen den Kontrahenten raus. Allabendlich gingen die Sterblichen in ihre Dorfkapelle, um wie Don Camillo dem Gekreuzigten von alltäglichen Problemen zu berichten und gute Ratschläge zu empfangen, bis allsonntäglich der HErr persönlich seine Schäfchen versammelte, um die schwarzen zu besonderem Wohl-verhalten zu ermahnen und schließlich das rausgewählte zu sich zu rufen. Dann schlug die Himmelspforte auf, überirdisches Licht blendete die Zurückbleibenden, ein aufgescheucht gackernder blonder Engel nahm die einsame Seele in Empfang und geleitete sie, die Glorie der Himmlischen Heerschar und schließlich SEin Antlitz zu schauen. Auch wenn es dann nur so aussah wie Percy Hoven.

Doch während der Himmelfahrt schon fällte das eherne Schwert des Erzengels Publikum sein unbarmherziges Urteil: Wer sich nichts hatte zuschulden kommen lassen und höhere Gunst erringen konnte, der wurde zum Liebling der Götter erkoren und durfte auf ewigen Ruhm hoffen. Die anderen aber, die in den Augen der Himmlischen Missgunst und Zwietracht gesät hatten, erwartete Hohn, Spott und Verdammnis, sei's in der Hölle, auf zehnjähriger Irrfahrt durchs Mittelmeer oder in Supermarkt und mittäglichem Call TV auf RTL2.

Die Hinterbliebenen wandelten trauernd durch den Garten. Dann rafften sie sich wieder zu ihrem arbeitsamen, aber immer einsameren Leben auf und beackerten ihre Scholle, einzig unterbrochen von Epiphanien wie Verona Feldbusch, die John dann auch unablässig anglotzte wie ein Hirtenjunge eine Marienerscheinung. Zu guter letzt wartete alles nur noch auf das Ende aller Tage, da der Himmel aufreißt, die Toten auferstehen und sich wieder versammeln, damit im jüngsten Gericht der Zuschauer über Belohnung der Tugendhaften und Abstrafung der Hoffärtigen entscheide.

Das tat er dann auch mit einem Donnerschlag. Inmitten des eitlen Spiels der inzwischen wohlbekannten, doch immer wieder entwaffnenden Sensationshuberei, hilflosen Beschwörung atemberaubender Spannung und Aufbietung durchweg entbehrlicher Talkgäste (Erika Berger oder Sternchens neues Frauchen) tagte das Göttertribunal. Auf der großen Showbühne standen alle Bewohner noch einmal zusammen und wurden nacheinander gerichtet: Von Thomas und Despina, den früh Ausgeschiedenen, die ein wenig fehl herumstanden wie der fünfte und sechste Beatle in der Musikgeschichte, zu Sladdi und den letzten dreien steigerte sich die Huld von höflichem zu frenetischem Jubel, bis allen voran Überraschungsgewinner John von einer Woge der Begeisterung ins Himmlische Jerusalem einziehen durfte. Einzig Kerstin und vor allem Manu durften nicht mal am Zeitenende auf Nachsicht hoffen, die Götter schickten sie unbarmherzig ins Höllenfeuer: Ihnen schlug ein Konzert aus Pfiffen und Buhrufen entgegen, das selbst der bemühte Moderator nicht mehr schönreden konnte. Schlussakkord, Vorhang.

Die säkulare Erzählung des vorgängigen Containerdramas ist natürlich weniger aufregend. Im Grunde war das Treiben der Bewohner eher langweilig, die wenigen Höhepunkte sind schnell erzählt: Sladdi weiß nicht wer Shakespeare und Westernhagen sind, Kerstin und Alex schreiben sich Briefe unter der wogenden Bettdecke, Sladdi piekst sich beim Schneiden seiner Brusthaare mit einer Nagelschere, Sternchen wird gekrault, Jana hat Liebeskugeln mit, John beweist trockenen Humor, Verena spricht Kommune wie "Kolerune" aus, Alex grummelt, Jona kuschelt, Sabrina duscht, Verena erfährt, dass hinter den zahlreichen Spiegeln Kameraleute stehen, Manu kotzt nach zwei Bier in den Garten, alle finden heraus, dass Verona ja ein ganz normaler Mensch ist usw. Nicht viel für hundert Tage, streckenweise geradezu meditativ. Aber wer hat sich nicht schon mal dabei amüsiert, auf einer Fete stundenlang in der Ecke zu sitzen und den Leuten beim folgenlosen Rummachen zuzusehen?

Dann waren natürlich noch die Giftereien und kleinen Sticheleien, und ob man das sehen mag oder nicht, es waren gerade die eingebauten, publikumswirksame Streitigkeiten schürenden Fiesigkeiten, die die Sendung unbeabsichtigterweise genau zu dem machten, was sie angestrebt hatte, in den Augen ihrer Gegner aber komplett verfehlte: zum decouvrierenden Blick auf ebenjene wirkliche Wirklichkeit, die in unserem Alltagsvollzug hinter scheinhafter Unmittelbarkeit verschwimmt. (An dieser Stelle müssen die Standartenführer des guten Geschmacks sich nebenbei entscheiden, was sie an der Sache anklagen wollen, die Kommerzialisierung menschlicher Gefühle, oder dass ebendiese auch noch nur vorgespielt seien. Aber die Kommerzialisierung falscher Gefühle? Darauf beruht seit jeher ein Großteil der Unterhaltungsindustrie.)

Das Regelwerk des Containers ist das auf seine klarsten Züge eingedampfte Modell einer Welt des Jeder gegen Jeden, der (dieser Anachronismus sei erlaubt) substantiellen gesellschaftlichen Widersprüche, d.h. der in der Tiefenstruktur eingelagerten persönlichen Zwietracht, sei sie von gespielter oder auch echter Freundschaft vorerst übertönt. Vorne wird gelacht und hinten intrigiert, immer mit einem Seitenblick in die Kameras, um beim möglichen Showdown wenigstens der mediale Sieger zu sein: Was ist realer als die verschiedenen Strategien der Selbstinszenierung, um die anderen ins Leere laufen zu lassen? Am Ende überlebt eben nur der Fitteste, derjenige, der die (Neue, har har) Mitte hält zwischen Telegenität, Freundlichkeit, Anstand und Hinterfotzigkeit, und nur drei Auserwählte haben am Ende die echte Chance auf freie Wahl; die anderen beißen zwischendurch die Hunde oder werden rausgemobbt.

Auf dem Wege dorthin liegt die gemeinsam zu lösende Wochenaufgabe: Alle körperlichen und geistigen Möglichkeiten, seinen Lebensunterhalt zu verdienen, sind abgedeckt, und man bekommt auch nur das zu essen, was man sich beim Fahrradfahren, Auswendiglernen oder Theaterspielen verdient – natürlich mit den darin eingebauten Neckereien darüber, wer zuviel oder zuwenig zum Allgemeinwohl beiträgt, wohlbekannt aus Krächen in Parlament, Kneipe und Wohnküche. Mit den herausgestellten Freundlichkeiten (geheuchelt oder nicht), der Parteienbildung, den inszenierten Konflikten, schließlich auch mit der optischen Selbstverständlichkeit der Zugehörigkeit und freien Zustimmung aller Ethnics zu ihrem Gemeinwesen ist *Big Brother* die vielleicht erste Ikone der Berliner Republik. (Freilich im Sinne der vorgestellten Idealgestalt einer multikulturellen, genuin bürgerlichen Gesellschaft, die das Land bis heute hat nicht erleben dürfen. Deutschland im Jahre 00 hat damit wenig zu tun: "Mokkanase" Andrea musste zu keiner Zeit und in keiner Ecke des Hauses um ihr Leben fürchten.)

Dass es im Endeffekt einerseits nicht so schlimm, andererseits noch viel grotesker war als erwartet, lag nicht an den Regeln sondern an der immer wieder uneinschätzbaren Masse Zuschauer, deren Reflex, alles und jeden, der im Fernsehen kommt, zum Ereignis zu machen – sei es ein lokalpatriotischer kölscher Strahlemann, ein arbeitsloser Exjugoslawe, ein Hausbesetzer oder eine als Lesbe verdächtigte Braunhäutige – diesmal unerhofft mächtig zuschlug. So sehr, dass die Kandidaten schließlich einiger waren als wohl vorgesehen, einerseits weil auch die größten Streithähne sich untereinander vor dem Daumen-rauf-Daumen-runter-Gegröle der Schlachtenbummler in Schutz nahmen, andererseits weil irgendwann auch der letzte trotz Isolation mitbekommen hatte, dass im Prinzip auf jeden das große Geld wartete und der ausgelobte Preis für den Gewinner nicht viel mehr als ein willkommenes Zubrot wäre. So wuchs gegen Ende die Brüderlichkeit und führte beinahe zu einer kleinen Revolte: Die letzten vier wollten die Mobbingregel unterlaufen und sich gegenseitig nominieren, damit der schwarze Peter beim Publikum liege. Welches dann letztlich mitspielte, denn Sabrina, die sich von den Oberen doch noch zu anderem Stimmverhalten hatte überreden lassen, musste ihren Vertrauensbruch umgehend mit Rauswurf bezahlen; ein Held, der gegen seine Freunde sich wendet, fällt schnell in Ungnade.

Als Moral bleibt, dass der Zuspruch des Publikums nicht einfach zu gängeln ist – auch nicht von RTL2, die wegen Johns Überraschungssieg ihre Abendplanung wohl innerhalb von Minuten umwerfen mussten –, und dass auch das schwächste Kind damit rechnen kann, von der Mutter um so erbitterter verteidigt zu werden. Dahingestellt sei, ob solch televisionäre Adelung des Gewöhnlichen ein Zeichen ist für eine regressiv-manische Lebensdumpfheit, die jedem zujubelt der in der Sänfte vorbeigetragen wird, ob er nun heute Brot backt oder morgen Auschwitz leugnet; oder aber ein utopisches Aufblitzen des humanistischen Prinzips, dass jeder

Mensch als Individuum mit reichhaltigem Innenleben und persönlicher Sicht der Dinge gewürdigt werde, auch wenn das Volksmaul zusammen mit den Zentralorganen der deutschen Werte ihn bis dato als potentiellen Mafioso, Steinewerfer, Ballermanntusse oder spaßfreie Karrierenegerin abgelegt hätte.

Genauso unsicher könnte man über den möglicherweise aufklärerischen Gehalt des Merchandising sein, dessen profitgeiler Aspekt von seinem realsatirischen fast übertroffen wird: Über Zeitschrift, Brettspiel und Pullover mag man sich noch mokieren, aber Sladdiplatte, Sladdibier, Sladdibuch und Sladdis Welt sind schon so liebenswert absurd, dass sie einer Komödie über ein Volk entstammen könnten, dem man alles andrehen kann. Schließlich ist nicht einzusehen, warum man gerade John de Mol vorwerfen sollte, dass er nur das tut, was man im Kapitalismus halt so tut, nämlich Sachen herstellen lassen und verkaufen; und wenn die Leute ihm den Ramsch aus der Hand reißen, dann müsste er der herrschenden Logik nach nicht verdammt, sondern gefeiert und wenn überhaupt das Kundenvolk auf seine Redlichkeit hin untersucht werden.

Letztendlich ging die Parallele zur Neuen Mitte also weiter, als ihr lieb sein sollte, kann man doch zusätzlich aus den Konflikten und Mobbingversuchen der ersten Zeit sowie dem Gemeinsinn der späteren Wochen herauslesen, dass wenn alle Insassen eine gewisse Sicherheit und Gelassenheit über ihr Auskommen haben, der soziale Friede viel eher gewahrt ist als wenn einzig Erfolg verspricht, nach außenhin anständig und hart aber gerecht, im Sprechzimmer aber hinterfotzig zu sein, will man nicht selber beim Aufstieg zum Platz an der Sonne zertrampelt werden. Oskar Lafontaine müsste sich beim Zusehen diebisch gefreut haben.

Und was blieb einem danach? Nun, man konnte beim anderen, inzwischen längeren Big Brother reinschauen, beim Inselduell auf Jolo, dessen exklusive Übertragungsrechte, wie öfter gemeldet, Sat1 vom daheimgebliebenen Sohnemann

Wallert günstig erworben hatte, und bei dem der aufrechte Deutsche so gern auf dem Laufenden war, um im Ohrensessel mit seinen Landsleuten im Feindesland zu bangen. Doch bald hatte auch das an Reiz verloren, seit die Publikumslieblinge Mama und zuletzt Papa Wallert rausgewählt wurden; Marc hat das mit der Leidensmiene ja nicht so richtig drauf. Vielleicht erzählen sie ja auch noch bei Günther Jauch im *Stern TV*, dem Percy Hoven der realen Welt, dass die Zurückgelassenen tausendmal lieber im menschenverachtenden Container sitzen würden als dort von elendshungrigen Schmocks bedauert zu werden. Denn wenn irgendwo menschliche Regungen und private Gefühlswelten kommerzialisiert werden, dann doch wohl in der *Bild*, in der *Bunten* und in Nachrichtensendungen der Privaten, und wenn *Big Brother* wirklich das Schlimmste wäre, was der Kapitalismus hervorgebracht hat, dann würden wir in einem verdammten Paradies leben.

Tun wir nun mal leider nicht, aber die Hoffnung bleibt, dass Reinhard Mohr im Spiegel mit einer der wenigen bemerkenswerten Passagen recht behält, nämlich mit der Frage, ob sich in der neudeutschen Spaßkultur (der *Big Brother* kurioserweise zugerechnet wird) nicht "auch befreiende Momente, hin zu Mediterranem und Britischem" zeigen, ob "das Land nicht leichter und lebenslustiger, aber auch nüchterner und unaufgeregter" – will heißen: zivilisierter – geworden ist? Die Krönung eines arbeitslosen ostdeutschen linken Exhausbesetzers zum Sympathen der Nation wäre schon mal ein gutes Zeichen, selbst wenn es bald wieder verpufft – spätestens nachdem die künftigen Helden in einer medialen Titanenschlacht die alte Riege in die Unterwelt des Vergessens gestoßen haben werden.

Und bis dahin werden wir der neuen Generation, die schon abgeklärter und berechnender sein wird als die erste, dabei zusehen können, wie sie Sladdi und Jürgen und John und Sabrina nachmacht und alles vermeidet, was an Manu oder Thomas oder Jana erinnern könnte. Der Rest Unschuld und Ahnungslosigkeit der ersten Besetzung ist dahin, und wenn jetzt ein Schlaumeier damit protzen wird, Goethe und Grönemeyer nicht zu kennen, dann sollte man es sehen als was es ist: augenzwinkernde Koketterie und kein Armutszeugnis unserer einstigen Kulturnation. Das Pochen auf die Tradition des Geistigen ist zwar ehrenwert, aber kein sicheres Mittel gegen den Untergang des Abendlandes: Der hat sich schon früher mal auf den Weg gemacht, und beide Male nicht mit *Big Brother* oder Stefan Raab, sondern mit dem *Faust* im Tornister.

Big Brother 2 – Teil I: Siegfrieds Tod

Eine der vielen Freuden an *Big Brother* ist die sofortige Mythisierung dessen, was man sonst als Alltagsgeplänkel abtut. Ein dahergeplappertes Wort, irgendein Deppengeschwätz – morgen steht es auf T-Shirts, und der Urheber wird über Nacht zum Archetypen seiner Art, seiner Freunde zu Hause, all jener, denen es auch schon eingefallen war, jedoch im Dunkel ihres bis dato übersehenen Lebens. All die Geistesblitze, die sonst ungewertschätzt etwa im Strudel eines alkoholimprägnierten Abends dem Orkus des kollektiven Filmrisses überantwortet werden, bekommen im Container die Chance, in den offiziellen Kanon aufzusteigen.

Genauso die frischgeprägten Typen selber: Gestern waren sie noch Nullen wie wir alle, und plötzlich wäre jeder gerne wie Harry, kennt jeder einen wie Christian und wird Steffi zur polarisierenden Ikone innerhalb einer jeden Beziehung. Der mythische Wortschatz wächst jeden Tag, mit jedem neuen Detail der Protagonisten, auch mit jeder neuen Maske, die sie sich von der gestrigen reißen, und das Ideal des kohärenten Charakters entpuppt sich als Erfindung einer auf Eindeutigkeit geeichten medialen Erzählmaschinerie. Vielleicht ist das die Signatur einer wahren modernen Epik: Die Konstruktion von Typen, deren jeder Charakter sich, bei genauerem Hinsehen, als so komplex erweist, dass keine hundert Serienhelden aufgefahren werden müssen, um ebensoviele Charakterzüge zu dramatisieren. Halt wie im Leben, in dem man auch von Hamlet sagen würde, aus dem Weichei werde ich nicht schlau.

Oder eben wie in der klassischen Epik. Die andere Seite jener angesprochenen Mythisierung ist nämlich die weise Universalität der alten Heldenerzählungen, die allein wegen ihrer enzyklopädischen Ausschweifungen ins Humane so vorausschauend waren, dass ihren neueren Formaten nichts übrigbleibt, als jede ihrer menschlichen Regungen, bis hin zu Dramatis Personae und narrativen Einzelteilen, zu wiederholen.

Der Reihe nach. Wir befinden uns am Tag eins nach dem Bürgerkrieg. Nominator Christian, der blonde Recke aus Herne, hat mit Hilfe von Millionen Göttern am Telefon der vielköpfigen Hydra das Haupt abgeschlagen. Der Heros sieht sich am Ziel, Amazone Steffi ist besiegt, und ihre nun führungslose Gefolgschaft – Hexe Hanka, das hermaphroditische Mischwesen Jörg und der unbedarfte junge Narziss Walter – erwacht zu neuer Kooperationsbereitschaft. Die entehrte Penelope Marion ("Ich nominier die Zicken für dich raus") ist blutig gerächt, und der Held, von allen respektiert und von wenigen gemocht, soll nun grundlegend gewendet, pazifiziert werden. Eine letzte Chance soll er bekommen, sein Leben, das nur den Krieg kannte, gilt für die geplante Friedenszeit als irregeleitet. Christian am Scheideweg: entweder ein Leben lang in selbstgewebten Frauenkleidern im Container, oder der Weg des Kriegers. Er verzweifelt – allein, auf einem nackten Acker der kargen Argolis, stürzt er sich in sein Schwert.

"Einfach so, durchs Sprechzimmer", stöhnt Karim. Der Nominator geht durch die Hintertür, Dienstag mittag, ohne Jubelherner und Trara. "Ist er schon weg?", fragen sich beiläufig seine alten Feinde. Er wählt das wahre Äquivalent zum Freitod, das seine Welt zu bieten hat, ohne die befeierte

Himmelfahrt weiland von Jona oder, in prähistorischem Dunkel, von Despina. Wie der Held von Louis Malles *Irrlicht* sucht er nacheinander seine Vertrauten auf und verabschiedet sich im stillen. Wie John Wayne in *The Searchers*, wie der melancholische Held des Italowestern entzieht er sich einer Welt, die nicht mehr die seine ist.

Eine Selbstinszenierung, natürlich, wie alles, was der offizielle Poser und Angeber und Alleshasser Christian tat und sagte. Eine Inszenierung nämlich, wie jede Ironie die Inszenierung ihres Gegenteils ist; und andererseits eine Inszenierung, die sich wie jede wahre Inszenierung um die sinnfällige Darstellung ihres tieferen Inhalts bemüht.

Begleitet wurde das Drama in den Nachrichten von einer passenden Sintflut. Die Bühne der Geschichte ist nun gereinigt, die Bösewichter und Erzkontrahenten der mythischen Vorzeit sind entschwunden, ihr Gefolge ist zur Menschlichkeit gezähmt, ab jetzt regiert die plane athenische Demokratie. Ihre Bürger dürfen alleine entscheiden, an den Göttern vorbei, wen sie als Ersatz für den gefallenen Helden erhalten möchten. Zur Auswahl stehen ein Holzhackerbua und eine Avonberaterin. Wenn man nicht genau wüsste, dass bisher jeder Kandidat mehr war als die Summe seiner Klischees, dann könnte man Platons aristokratische Klagen über die radikale Durchschnittlichkeit der neuen Zeit nur zu gut verstehen.

Big Brother 2 – Teil II: Kriemhilds Rache

Die typischen *Big Brother*-Verächter sind die, die das Ganze von Anfang an irgendwie nicht ausstehen konnten und seither schlaue Gründe dafür suchen. Voyeurismus, Menschenopfer, Gipfel an seichter Unterhaltung, Kommerzialisierung der emotionalen Privatsphäre, Inszenierung bzw. Vorspiel von Realität und mediale Aufplusterung von Nichtskönnern – all das gehört ja schon, von grün bis schwarz, zum Bildungskanon der deutschen Leitkultur.

Selbst der (bei wohl keinem Bewohner abstreitbare) Psychostress, der z.B. Christian in den symbolischen Freitod gehen ließ, erweist sich in der Zeit danach meist schnell als Wellental statt als Anfang vom Ende; und man darf außerdem fragen, was wohl paternalistischer (bzw. natürlich menschenverachtender) ist: Die Kandidaten bis auf weiteres als erwachsene, komplexe, gemeinhin vernünftige Personen zu betrachten, die durchaus wissen was sie tun, oder per definitionem als durchweg geldgeile hirntote Medienzombies, die jeder vergoldeten Möhre hinterhertrotteln, die man ihnen vor die Nase hängt.

Und so schräg es ist, von Voyeurismus zu reden, der gerade dadurch definiert ist, dass seine Objekte nichts davon wissen, so schräg ist es, von einem Menschenopfer zu sprechen, wenn das vermeintlich Geopferte hinterher noch dasteht in Saft und Kraft, dazu agiler als zuvor; soviel Treue zum Begriff muss sein. Der berechtigte Reiz, das Geschehen im Container als Bühne des Lebens oder als irdisches Jammertal zu allegorisieren, bringt natürlich mit sich, den Auszug als Tod mit Himmelfahrt (welche den Selbstmördern Christian und Jörg zuerst vergönnt war) und damit die Nominierung bzw. die Rauswahl als von den Göttern gefordertes Opfer zu mythologisieren. Wer diesem archaischen Delikt aber mit dem Moralgesetzbuch der Außenwelt zuleibe rücken wollte, der müsste konsequenterweise auch cowboyspielende Kinder wegen mehrfachen Mordes vor Gericht schleifen. Der Gott der Erzählung fordert zwar Opfer, aber die stehen immer lachend wieder auf.

Und wo bleibt das Positive? Hier: Den genannten Holzhammervorwürfen könnte man ebensogut entgegenhalten, *Big Brother* sei nicht etwa der Abgrund "neufaschistischer Spaßkultur" (aha), sondern ein Lehrstück in Humanismus. Denn wenn die Insassen wirklich ein Martyrium durchmachen, dann leiden sie für einen guten Zweck, nämlich die Zivilisierung der Öffentlichkeit. Dem Volksmund zum Trotz sind es nicht hohler Spaßismus oder Mitläufertum oder sturer Egoismus – die ihm selber nebenbei einiges geläufiger sein sollten –, die im Container erfordert und von Bewohnern wie Publikum honoriert werden, auch kein hübsches Gesicht oder weiße Haut, sondern soziale Fähigkeiten wie Kooperationsfähigkeit, Ehrlichkeit, Besonnenheit, Selbstvertrauen und eine gewisse Gelassenheit im Umgang mit den Schrullen anderer. Wenn die Sendung bisher eine Moral ausgebildet hat, dann nicht zuletzt die, dass jeder Mensch ein eigener komplexer Charakter ist, der der ersten Ansicht zum Trotz einige Überraschungen bereithält.

Man hat sogar den Eindruck, als sei noch nicht mal "alles doch nur gespielt", sondern dass gerade unter dem Schraubstock der permanenten Öffentlichkeit die Charakterpanzer zerbrechen und mit der Zeit die wirklichen Personen hervortauchen, sodass alle Vor- bzw. Frühurteile sich als genauso krude wie ihre Angriffspunkte erweisen und letztendlich die vermeintlich künstlichsten Gestalten im deutschen Fernsehen sich als die echtesten ent-puppen. Da schlägt die Schmähung, die können doch gar nichts und sind trotzdem berühmt, in das Argument um, die können wenigstens sie selbst sein, und das hätten sie all den berühmten grinsenden Kleiderständern voraus, die sich Samstags im Studio so lässig über ihre Verfehlungen auslassen.

Und abgesehen davon, dass nach eigenen Angaben der Einzug ins Haus zumindest für Karim und Ebru einen Akt der Emanzipation von skeptischer Familienraison bedeutete, entwirft die Sendung das Bild einer (deutschen!) multikulturellen Gesellschaft, in der alle möglichen Hautfarben und kulturellen Hintergründe derart zusammengeworfen und alltäglich sind, dass es kein Thema mehr ist und höchstens zu Witzen von allen Seiten Anlass gibt. Und, man korrigiere mich, sind Karim und Daniela nicht das erste, nun ja, farblich kontrastreiche deutsche Liebespaar, das die deutsche Öffentlichkeit zu bieten hat? Zumindest in Italien hat

"Grande Fratello" der Nation das erste – coverkompatible – öffentliche Lesbenpaar beschert.

Allerdings schlägt der Boden der Tatsachen stets wieder durch. Die nicht immer harmonische, doch im besten Sinne republikanische Einheit ist nicht von Dauer. Drei bleiben übrig, von denen nur einer gewinnen darf. Selbst die abstrakteste, harmonisch gewollte Gemeinschaft hat noch jene zerrüttenden Strukturen eingebaut, die im wirklichen Leben nur Unheil anrichten. Und trotzdem, nach einiger Zeit – als die größeren Dissonanzen überwunden sind – verdrängen die Bewohner wo sie können, dass letzten Endes auch sie einander Wolf sind, und versuchen das hierarchiefreie solidarische Zusammenleben. Kurz: Sie probieren das richtige Leben im falschen. Und entsprechend bleibt nach der Götterdämmerung als Sieger das Gegenbild dessen übrig, was man nach dem beschworenen schmutzigen Titanenkampf erwartet hätte: ein fragiles, freundliches, selbstbewusstes, erschreckend normales ostdeutsches Mädchen, das zu allen nett war und sich trotzdem von niemandem hat verreinnahmen lassen. Deutsche Fernsehunterhaltung war schon mal weniger utopisch.

The 6th Day (2000)

Mit Arnold Schwarzeneggers mythischer Persona ist schon so einiges angestellt worden: Man hat sie beschossen, verbrannt, eingeschmolzen, verzerrt, enthauptet, geschwängert, erpresst, aus Flugzeugen geworfen, an Bäume in der Wüste gefesselt, Kopfgeld auf sie ausgesetzt und ihr außerirdische Monster, Kinder und gar den Teufel auf den Hals geschickt. Doch nichts hat geholfen, nichts konnte den imposanten Muskelberg zähmen, der, einmal erregt, ganze Armeen umlegte.

War er doch, bei aller ideologischen Zweifelhaftigkeit, in seiner schieren physischen Präsenz die Personifikation einer Macht, die über das Menschenmögliche hinausgeht und das

Titanische schafft. So fest man ihn, wie Prometheus, an den Kaukasus schmiedete, so sehr man ihn, wie Herkules, umnachtete oder auf die falsche Fährte schickte – immer konnte er sich befreien, am Scheideweg sich in die richtige Kurve legen, den Menschen das Feuer bringen und ihre Monster vernichten. Wie James Bond der Kulturbewahrer der feinen englischen Art, so ist Schwarzenegger der bis dato unbesiegte Beschützer des Republican Way of Life: Kein Politiker, kein Alien, kein Cyborg aus der Zukunft stellt sich dem geregelten Stillstand der Dinge in den Weg.

Ein Weg aber war noch offen: ihn zu klonen. D.h. eine bis zur DNS identische Kopie seines Körpers herzustellen, damit ihn niemand vermisse, aber mit einem Geist, der gerade genug weiß, um nicht mehr aufzubegehren. Wer keine Ahnung hat, dass die Götter das Feuer besitzen, will es ihnen nicht entwenden, wer keine Ahnung hat, dass die Welt voller Monster ist, will sie nicht besiegen. Der einfältige Riese, dessen argloses Leben in Frauenkleidern nicht pathologisch sondern Normalzustand ist, wäre der Traum aller Feinde des menschlichen Maßes.

Die Möglichkeit dazu eröffnet sich in naher Zukunft: Die Klonierung höherer Säugetiere ist möglich, komplett mit ihrem persönlichen Bewusstsein zum Zeitpunkt seiner, nun ja, Aufzeichnung. Die Firma "Re-Pet", die ewig wiederkehrendes Leben unserer kleinen Lieblinge verkauft, ist marktführend. Nur mit dem komplexen Gehirn des Menschen gibt es noch nach Jahren der Praxis Probleme, sehr zum Verdruss des Mutterkonzerns X ist daher die Erneuerung bzw. mögliche Verbesserung der Kaufkräftigen selber verboten. Zuwiderhandlung wird mit Gefängnisstrafe sowie mindestens Entzug der Bürgerrechte des als Klon Enttarnten geahndet. Das Gesetz greift glücklicherweise so durch, wie es angesichts der heutigen Debatte gewünscht wird.

Aber kein Gesetz, das nicht umgangen würde: Die zahlreichen antiklon-Demonstranten vor dem Firmengebäude hören Konzernchef Y noch öffentlich einfordern, was er heimlich bereits tut. Spätestens seit sein Chefwissenschaftler Z (Robert Duvall) dessen eigene schwerkranke Frau alle paar Jahre neuklonen kann, hält er die Technik für ausgereift genug, unheilbar kranke Kinder zu retten, indem man sie ohne ihren Defekt kopiert, so jedenfalls das publikumswirksamste Argument. Jede gesetzliche Beschränkung des Menschenklonens sei nur noch vernagelte Verhinderung des Wohls der Menschheit.

Wobei nebenbei erwähnt werden muss, dass das hier so genannte Klonen wenig mit Dolly zu tun hat und eben doch noch fernere Zukunftsmusik ist: Nicht etwa wird eine geklonte Eizelle eingesetzt und ausgebrütet, auf dass der Klon in ausgewachsenem Zustand so aussehe wie sein heutiges Urbild, sondern alle physiologischen und psychologischen Daten einer Person werden in einer Momentaufnahme aufgezeichnet und auf einer Cassette fixiert, mit der nun, unabhängig vom weiteren Schicksal des Originals, eine vollständige Kopie herstellbar ist. Dazu nehmen die fiesen Forscher einen menschlichen blank, gleichsam einen ausgewachsenen Embryo ohne Eigenschaften, von denen sie schon mal eine ganze Palette angesetzt haben, und morphen die persönlichen Daten in ihn rein. Heraus kommt der Mensch wie er vorher war, komplett mit Erinnerung, Macken und Tics, sofern man sie ihm nicht extra rausgeklont hat. Und natürlich, wie es sich für Replikanten gehört, mit einer dazugeklonten Lebenserwartung von wenigen Jahren, damit man auch ja bald wiederkommt. Wer hätte schon gedacht, dass die Praxis der Reparaturbetriebe sich in der Zukunft groß wandeln würde?

Schwarzenegger also ist ein (d.h. neuerdings spielt er ja auch, was den Unterhaltungswert beträchtlich steigert) Pilot im Solde jenes Riesenkonzerns, der eines Tages später nach Hause kommt und entdeckt, dass er schon lange da ist und seinen Geburtstag feiert. Und niemand schöpft Verdacht. Bevor er sich den Schwindler zur Brust nehmen kann, (der später auch noch vor seinen Augen seine Frau nagelt,) wird

Arnie vor seiner Haustür von Mitgliedern eines – natürlich geklonten – Kommandos verschleppt.

Warum dies alles geschieht ist dunkel, und hier wie bei allem Folgenden sollte höflicherweise nicht so genau nachgehakt werden. Auf jeden Fall kann Arnie entkommen und wird fortan von Ys exotischen Killerklonen gejagt – vermutlich weil er nun entdeckt hat, dass Y Böses tut –, weswegen er es sich nicht nehmen lässt, das un-menschliche Kroppzeug mit einer Frequenz zu zerlegen, dass die anderen mit dem Nachklonen nur schwer hinterherkommen.

Und dann der Zeitpunkt, auf den alle gewartet haben: Arnie trifft auf den einzigen Gegner, der ihn in langen Jahren besiegen könnte – sich selber. Aber zu früh gefreut: Nachdem der echte dem falschen wg. seiner Frau eine gelangt hat, erklärt er ihm rasch die Situation, sie werden Buddies und gehen gemeinsam gegen Y vor. Keine Schauerromantik, kein böser Zwilling, kein Titanenkampf, kein Doppelgänger auf der dunklen Seite der Macht. Dahin die Gelegenheit des selbstreflexivsten Arnie seit *Last Action Hero*, dahin die Gelegenheit einer augenzwinkernden Ausfechtung der Frage, ob er bisher immer gewonnen hat, weil das Gute in ihm wirkte, oder nur weil er stärker war – denn das wäre er nun nicht mehr. Es werden noch nicht mal seine berühmten One-liner ebenbürtig pariert. Armselig.

Statt dessen wird die Höhle des Löwen plattgemacht, mit der üblichen halb spaßigen, halb ermüdenden Ballerei, und jeder kriegt was er verdient. Z, dessen wieder erkrankte Frau sich plötzlich unecht fühlte und endgültig sterben wollte, hat rechtzeitig schwer erschüttert gekündigt, und Y, freilich selber oft geklont, ringt mit sich bis zum bitteren Ende. Dazu der narrative Paukenschlag, der alles nochmal umwertet und so gerne wie *The Sixth Sense* wäre, aber nichts weiter erreicht als jeden Restanspruch der Geschichte auf Nachvollziehbarkeit über Bord zu werfen.

Und was tun mit dem anderen? Der echte Arnie – Wer Klon ist, bestimme ich! – lässt ihn am Leben und ungehindert das Land verlassen. Seine Menschlichkeit habe er ja bewiesen, indem er tapfer für seine Familie gekämpft hat: "de most human ting dere is."

Damit wäre das christliche Abendland nochmal gerettet, wären da nicht die denkwürdigen philosophischen Konsequenzen, die das Drama uns auftischt. So sehr es sich politisch korrekt bemüht, die Genforschung als das Böse zu konstruieren, bleibt ihre Seite als die letztlich humanere zurück: von Z, der in tiefer Liebe zu seiner Frau getrieben versucht, das Unmögliche möglich und das Unmenschliche menschlich zu machen, bis zu Y, der die völlige Heilung von Hirntumoren, Erbkrankheiten oder schweren Verletzungen in Aussicht stellt; für den Preis eines neuen Körpers, der sich vom alten ansonsten in keiner Faser unterscheidet. Das Abstoßende daran, die Sollbruchstellen in den Klonen und die vermögensbedingte Zugänglichkeit jener Segnungen, bringt nicht die Forschung herein, sondern das Kapitalinteresse, in dem sie gedeiht. Soviel Unterscheidung muss sein.

Arnie dagegen fällt in der anfangs noch verbalen Auseinandersetzung mit Y als Gegenargument nicht viel mehr ein als der liebe Gott. Ansonsten aber fällt mit der Gewissheit, dass es nur Klone sind, seine (und unsere) Hemmschwelle, die Gegner umzumähen und recht despektierlich mit ihren Überresten umzugehen; überwölbt von einer vermeintlich humanen Justiz, die jenen, die von keiner Mutter geboren wurden, den Lebenswert abspricht. Und das obwohl Arnie selber, in der Innenschau als vormals unbewusster Klon, bestätigen könnte, dass sie sich weder seelisch noch physisch von den Originalen unterscheiden.

Da bleibt die Frage, ob Regisseur Roger Spottiswoode, der so durchaus unterschiedlich ambitionierte Werke verantwortet hat wie *Under Fire* und *Stop! Oder meine Mami schießt*, wirklich das Entlastungsplädoyer für die Gentechnik drehen wollte, das es ist. Denn wenn hier jemand Biologismus predigt und damit einen Begriff und dann eine Rechtsgrundlage reinen bzw. unwerten Lebens ins Spiel bringt, dann sind es die gottesfürchtigen und familienseligen Klongegner um Arnie, während die vermeintlichen skrupellosen mad scientists und modernen Mengeles eine emphatische Vorstellung des spontanen, freien Individuums entstehen lassen, zu dessen geistiger Entfaltung und Substanz sein biologisches Substrat nebensächlich ist. Womit das unantastbare Persönlichkeitsrecht nach den völkischen, rassischen, sozialen oder sexuellen schließlich auch über alle biologischen Grenzen ausgeweitet wäre. Dass man in der gezeigten Welt Klon sein kann, ohne es zu merken, ist eine hochtechnologische Bestätigung des Ich denke, also bin ich – jenes Satzes, mit dem die Aufklärung einst anhub; und alles, was ihn hinter sich lassen will, tut nichts anderes als vor sie zurückzugehen.

So ist, was ein übermenschlicher Wurf, eine popkulturelle Klimax hätte sein können, nämlich ein ultimativer Arniefilm mit Hirn, der sein mythisches Material auf die Spitze treibt und gegen sich kehrt, nur eine gewöhnliche solide, gleichsam selber geklonte Baller-geschichte geworden. Eben – an der Fallhöhe gemessen und wie bei Arnie zu erwarten – ein titanischer Schlag ins Wasser.

The Cell (2000)

Jennifer Lopez galoppiert auf dem schwärzesten Rappen und ganz in weiß gewallt durch sanftgelbes Wüstenpanorama. Sie hält an, steigt ab, das Pferd erstarrt zu einer lebensgroßen Spielfigur. Sie steigt eine Düne hinan, wandelt entlang ihres Grates, der in seinem galant gezirkelten Schwung das Bild in geradezu geometrische Flächen teilt. Auf der anderen Seite der durchsonnten Dünung überstrahlt die weiße Frau eine karge Ebene, vereinzelt drapierte dürre Bäume und das gestrandete Schiff vom Baikalsee mit ihrer milden Anwesenheit. Als Kinozuschauer wartet man auf die hauchige Stimme, denn das kann nur ein Parfümspot sein. Oder eine kitschige Traumsequenz. Oder irgendein VR-Spielchen.

Oder eben alle drei zusammen. Aber auch das hinkt, denn es gibt da noch einen maulenden Jungen, der auf einem Baumstumpf rumlümmelt und nichts mit sich anstellen lassen will, so sehr Lopez auf den Bengel auch einsäuselt.

Abrupter Bildwechsel: Beide wachen, etwas ernüchternd nach der surrealen Pracht, in einem Schlaflabor auf, in grauen Gummianzügen und an Drähten von der Decke hängend. Lopez spielt Catherine Deane, eine Psychotherapeutin, die mit einem komatösen Jungen auf futuristische Art versucht Kontakt aufzunehmen: Per Gedankentranszendenzmaschine oder so kann sie in das Bewusstsein eines Patienten hineinprojiziert werden, dort zwischen dessen manifesten Wunsch- oder eben Horrorbildern herumspazieren und an der fleischlichen Hülle vorbei mit dem Subjekt selber kommunizieren, ohne Störung durch die aufwühlende Sinnenwelt.

Wenn die klassische Filmausbildung auf abendländischen Kulturkanon (theoretisch) plus Filmassistenz (praktisch) und die moderne auf Kinemathek plus Filmhochschule sich aufteilen lassen, dann besteht die, sagen wir mal, typisch postmoderne aus Videothek plus Musikvideo & Werbespot. Dies muss, mancherlei Gequake zum Trotz, noch nichts schlimmes heißen, höchstens dass die Sicht und Gewichtung von Sujet und bildlicher Vorstellung aus verschiedenen Richtungen kommen. (Abgesehen natürlich von einem gewissen thematischen und motivischen Kreislauf innerhalb der verschiedenen, nun ja, Generationen: Wie die zweite gern das an klassischer Bildung übernahm, was die alten Meister mit paradigmatischer Wirkung in die Kinematographie eingeführt hatten, so ventiliert die neueste vornehmlich das, was in den Videotheken steht, d.h. selten Filme, die viel älter sind als der Videorecorder selber.)

Das klassische Drama beginnt mit sich gegeneinander bewegenden Figuren in einer materialen Situation, aus deren

Reibung der dramatische, psychologische oder auch philosophische Gehalt sich ausformt, der in den Bildern zum Ausdruck findet. Der Werbespot (zumindest der postclementinische), in Ansätzen auch das Musikvideo, kommen von der anderen Seite: Hier geht es um einen geistigen bzw. seelischen Zustand, der zwecks sinnlicher Vermittlung in Bilder gegossen wird – wozu sie im Filmischen die rudimentäre Form eines irgend geordneten Ablaufs bekommen. Ihre Bilderflut ist die antizipierte bzw. nachdrücklich erwünschte Vorstellung, die im Hörer eines Musikstückes, gerade aber im Konsumenten vor (und dann bei) dem Gebrauch einer Ware entstehen soll.

Was würde einen Werbe- turning Kinofilmer also interessieren, wenn nicht die detaillierte Bebilderung eines Bewusstseins, noch dazu, als moderner, des verschrobenen eines Serienmörders? In diesem Fall ist es Tarsem Singh, immerhin der Schöpfer u.a. des REM-Videos *Losing My Religion* sowie des schwimmenden Elefanten, der seinen ästhetischen Ansprüchen dort freien Lauf lässt, wo seine bisherige Stärke liegt – nämlich im Ausmalen von Seelenlandschaften, die bisweilen wenig mit der von ihnen reflektierten Außenwelt zu tun haben –, und nicht wie seine zahlreichen Kollegen aus demselben Stall, die auf biegen und brechen die Außenwelt der Aktion weichzeichnen oder verchromen müssen.

Also begibt es sich, dass Deane eines Tages vom FBI konsultiert wird, um im Hirn des frisch verhafteten Serienmörders Carl Stargher (Vincent D'Onofrio) herumzukrabbeln und dort einen Hinweis zu finden, wo er sein letztes Opfer versteckt hält, bevor auch dieses an Starghers Quälereien zugrunde geht.

Das klingt spannend, ist es aber nur mäßig, weil der Film zunehmend in zwei Hälften zerfällt, den Ermittlungsteil und den Traumteil, die letztlich relativ wenig miteinander zu tun haben. Die Suche nach Stargher (und dann nach seiner Gefangenen) geht so routiniert und schnell vonstatten, dass sich anscheinend niemand so wirklich dafür interessiert hat. Zwei Listen abgleichen – schon hat man den Verrückten, und so dringend braucht man Deanes Hinweise zur Rettung des Mädchens dann auch nicht.

Die bei weitem eindrucksvollere Hälfte ist die Bebilderung der merkwürdigen Passionsgeschichte, die in Starghers Bewusstsein gesammelt liegt und durch Deanes Eingriff gar Erlösung findet. Auf ihrer surrealen Reise durch Starghers düstere Seelenschluchten taucht Deane in grotesken Szenerien und Martyrien bis tief in seine Kindheit hinab und errettet gleichsam seine vergessene Kinderseele, indem sie am Ende ihn zu sich in ihr natürlich unendlich harmonisches Bewusstsein herüberholt.

Während draußen pflichtgemäß die Ermittlungen der FBI-Agenten abgespult werden. Eindeutig, wo die Präferenzen der Filmmacher lagen: Kameramann und Cutter hat Regisseur Tarsem mitgebracht. Die langen aber auch in die vollen: aufwendige Sets, aufwallende Kostüme, barocke Folterphantasien, schräge Tableaus und Masken, alles von einer Morbidität, wie man sie in einem Serienmörder vermuten wollte. Dazu vollgestellt mit gruseligen Erinnerungen, mit Versatzstücken der Außenwelt und Verweisen auf deren alte und neue Ikonen, von historischer Greuelmalerei bis zu modernster Kunst wie den Folterinstallationen der Brüder Chapman, den Fesselbildern Nobuyoshi Arakis, Cindy Shermans Horrorvisionen oder eben Damon Hirsts in Scheiben geschnittenen Großtieren, die explizit zitiert werden. Ein wildes Gruselkabinett tut sich auf, eine bizarre Spiegelung der Oberwelt, worin sich andeutet, dass in den perversen Verrückten, mit denen das FBI so zu tun hat, weniger der Teufel am Werke ist als das manifeste Unbewusste einer ausgehärteten Zivilisation, das, wenn sie Pech hat, woanders als in der gesitteten Ordnung einer Vernissage sich Ausdruck verschafft.

Serienmörder als Neurosen eines verqueren Zustands: Unzweideutig ist Deanes Fund im Seelenkeller Starghers, dass nicht etwa Frauenhass ihn umtreibt, sondern im Gegenteil dass er seine geliebten Opfer vielmehr vor einem grausamen Schicksal bewahren will und nur eine absurde Verwirrung der Begriffe ihn dazu bringt, sie zu diesem Zweck sanft zu ertränken. Eine kleine unbewältigte Dialektik der Aufklärung im Bauch einer Zivilisation reicht aus, ihr ebenbürtige Ungeheuer zu bescheren. Denn wo das Rettende ist, wächst die Gefahr auch: Verfolgende Instanz und Verfolgter, beide wollen retten, doch sind sie sich uneins vor wem.

Daher bekommt selbst der umgetriebene Mörder am Ende seine Himmelfahrt in ein Reich der rosanen herzförmigen Minnie Maus-Kissen. Erfrischend, dass man mit der finalen Rüschenpietà endlich erfährt, wie es im Kopf selbst einer emanzipiert und standfest wirkenden Frau wie Deane aussieht: so zuckersüß und plüschig wie in den anderen auch. Das Warten auf den Lara Croft-Film hält an.

Son of Double Feature: *Cube* & *Pitch Black* (2000)

Wer sich darüber aufregen mag, dass Filme immer teurer werden, von der Vorbereitung über die Produktion und Nachproduktion bis zum Vertrieb, übersieht gern, dass allein durch die größere Menge an Kapital, das durch diese Hypertrophie kumuliert und ventiliert wird, viel eher etwas für Filme abfällt, die früher als aufwendig und teuer und vielleicht schwer zu vermitteln galten, heute aber als Schnäppchen durchgehen. Technologie und Know how, für die sündhaft teuren Pioniere erschaffen und dann den Tieren zum Ausweiden überlassen, sowie ein genügend erweitertes und konditioniertes Publikum stehen bereit, um Produktionen aufzunehmen, die für die erste Liga zu starlos, zu eindimensional, zu kurz oder auch zu schräg sind und deswegen vor nicht langer Zeit höchstens im Fernsehen oder direkt in der Videothek landeten; dort eben, wohin der B-

Picture seit Ende des Studiosystems abgewandert war. Gerade der phantastische Film profitiert von den nach Gebrauch allgemein verfügbaren neuen Standards von Computerkram und anderer Trickserei, insofern sein B-Film als klassischer Genrefilm, seit jeher mythisches und ikonographisches Unterfutter der Großfilme, nach langer Verbannung nun trotz begrenzten Budgets nicht mehr trashig aussehen muss und wieder dort angeboten werden kann, wo er hingehört: im Kino.

Der B-Film, der seit seinem offiziellen Niedergang vor sehr grob vier Jahrzehnten anstelle der produktions- und vertriebsökonomischen (z.B. als Double feature) zunehmend ästhetische Konnotationen, nämlich als mehr oder weniger lieblos und schrottig, erleiden musste, ohne wenigstens zum Independent geadelt zu werden, hat sich berappelt. Inzwischen können auch Filme, die nicht mehr und nicht weniger als eine gute Idee zu bieten haben, so perfekt aussehen wie die Großen, und wenn sie an einigen ausgewählten Ecken schwächeln, dann wirkt das beizeiten eher erfrischend als störend weil es zeigt, dass kein großes Geld oder kein großer Star im Hintergrund saßen, um derentwillen man die Gussgrate des Projekts, einschließlich der ins Extreme ausschlagenden Motive und Situationen, extra abgefeilt hätte. Manchmal scheint es, als könne die Brillanz der Kernidee eines B-Films durch seine Schründe, d.h. durch ungelenkes Spiel, staksige Dialoge, platte Charaktere oder hanebüchene Handlung, klarer bzw. unzerstreuter hindurchscheinen als durch eine hochglanzpolierte, fehlerlos intakte Oberfläche.

Mit *Cube* und *Pitch Black* kommen nun zwei grundverschiedene und doch beispielhafte Vertreter des phantastischen B-Films zu uns, die es sich leisten können, einige Enden ihres Gefüges flattern zu lassen, ohne dass ihre eigentlichen Qualitäten berührt würden. Wie jeder gute B-Film sind sie quasi die Novelle, die gegenüber dem Roman eine einzige narrative Idee oder sonstige singuläre Situation zum Kern hat, ohne mit langen Landschaftsimpressionen,

Nebenhandlungen, Charakterentwicklungen oder auch mit angestrengter Herleitung der Ereignisse sich aufhalten zu wollen.

Cube, bereits 1997 entstanden und schon länger für den Videomarkt angekündigt, hat nun doch einen hiesigen Verleih gefunden, woran die gestiegene Popularität des Genres und nicht zuletzt Nicole deBoer, die jüngst zur Fernsehserie *Deep Space Nine* hinzugestoßen ist, bestimmt nicht schuldlos sind. Und das ist gut so; auch wenn visuell eher unpompös, verlieren Filme, deren Wirkung auf der klaustrophobischen Enge eines beschränkten Schauplatzes beruht, doch einiges von ihrer Substanz, wenn diese Enge nicht den Gesichtskreis des Zuschauers ausfüllt.

Und *Cube*s Schauplatz ist von geradezu mathematischer Reduktion wie das darin ablaufende Drama: Fünf willkürlich zusammengeworfene Personen schlagen in einem wohnzimmergroßen Kubus die Augen auf und können nun nicht viel tun als herumzurätseln, warum und auf welche Weise sie dort hingelangt sind und wie sie wieder rauskommen, bevor sie verdursten. Erster Erkenntnisfortschritt: In jeder der sechs Wände befindet sich eine Tür zu einem weiteren Kubus derselben Art, jeweils mit einer Falle versehen oder auch nicht; einer Falle, die jedesmal auf eigene Weise, doch immer spektakulär den Betretenden tötet.

Das Muster herauszufinden, nach dem ein Kubus mit einer Falle ausgestattet ist, wird auf der Suche nach einem Ausgang zur Überlebensfrage, und ohne eine findige Mathematikstudentin (deBoer) würde die Gruppe das Schicksal all jener teilen, deren Schreie fern zu hören sind. Aus zweien an jedem Kubeneingang eingestanzten Zahlen kann sie umständlich herauslesen, ob im betreffenden Kubus mit einer Falle zu rechnen ist, sowie zusätzlich die Koordinaten des Kubus in der ursprünglichen Anordnung; denn eine weitere Stufe auf der Leiter zum Verständnis ihrer Welt ist die Erkenntnis, dass alle Kuben einen riesigen Überkubus bilden, in dem sie sich fortwährend gegeneinander verschieben, und dass es genau eine Anordung gibt, in der durch einen bestimmten Kubus ein Ausweg sich öffnet. Wie in einem lebensgroßen Zauberwürfel krabbeln die Gefangenen durch ihre neue Umgebung und können nur zusehen, dass sie die darunterliegende ratio zu fassen kriegen, bevor sie an den Reibungsflächen zerrieben werden.

Das mathematische Gerüst des Dramas füllt sich mit Leben, denn nicht nur die Kuben, auch die Charaktere werden im Verlauf gegeneinander verschoben dass Funken sprühen, und im Eifer des Gefechts verficht so einer schon ganz zweckrational, dass man um für die fitteren das Risiko zu minimieren, den unwägbaren Geistesverwirrten seinem Schicksal überlassen sollte. Am Ende steht das Drama in der Einfachheit da, die die klare Schönheit einer Gleichung ausmacht, aus der alle eigensinnigen Variablen herausgekürzt sind.

Bei dieser dramatischen Konstellation, die andere Produktionsfirmen einem als viel zu intellektuell und "verkopft" hinterhergeworfen hätten, belässt es der Film und leistet sich damit einen Luxus, den kein großer durchbekäme. Natürlich hätten die Akteure, die alle mehr für sich und aneinander vorbei chargieren als zusammenzuspielen, eine versiertere Schauspielregie oder längere Proben gebrauchen können, doch dafür sahen die Filmmacher sich nicht genötigt, eine schlüssige Hintergrundgeschichte oder ein feuriges Ende anzupappen. Stattdessen kippt der Film durch die Verweigerung einer Erklärung ins Surreale: Nicht mal der Architekt der Außenhülle der riesigen Anlage, der zufällig unter den Gefangenen ist, kann ihren Sinn und Zweck wiedergeben; es sei ein babylonischer Gesamtbau, an dem jeder ohne Anweisung und Abstimmung vor sich hin gewerkelt habe, sodass er immer weiter gewachsen sei, ohne dass ein einzelner von seinem Konstruktionsplan hätte Auskunft geben können.

Nichts als die schnörkellose Metapher einer sich selbst bauenden Welt ist es geworden, einer Welt, die subjektlos und schicksalhaft ihren Vollzug betreibt, indem sie ihre wimmelnden Subjekte, ihre einstigen Schöpfer, zu dienstbaren Objekten degradiert, die dem Ganzen wahllos, aber keineswegs zufällig zum Opfer fallen oder auch nicht; sofern sie sich vorher nicht selbst dezimieren indem sie, ganz wie im richtigen Leben, ihre Wut vom unverstandenen Unbekannten auf das Sichtbare ablenken: den Übernächsten. Durch den Kinostart bekommt diese ausführliche Darstellung der selber wieder mythischen Gewalt der rationalisierten Zivilisation vielleicht eine Laufkundschaft, die niemals in der Videothek oder nachts auf Pro7 gezielt danach suchen würde.

Wo *Cube* in schwindelnde Höhen der Abstraktion sich aufschwingt, da wühlt *Pitch Black* in den schwarzen Tiefen der Seele. Ein Raumtransporter mit tiefschlafenden Passagieren an Bord gerät außerplanmäßig in den Sog eines Planeten und droht abzustürzen. Rotalarm. Eine uniformierte Frau und ein uniformierter Mann (Rhada Mitchell und Cole Hauser) werden aus ihren senkrechten(!) Schlafkammern ausgeworfen(!) und fallen(!) übereinander. Der Mann fragt gestelzt: Warum bin ich auf Sie gefallen?

Gleich zu Beginn schon lässt der Film die Hosen runter und macht dem so entsetzten wie dann amüsierten Zuschauer klar: Ein Film, der sich so unglaublich bescheuerte Szenen wie diese, die bei einer Großproduktion gleich am Anfang rausgeflogen wären, in den wichtigen ersten fünf Minuten erlaubt, der wurde aus anderen Gründen gedreht als Stars oder virtuoses Drama oder geschliffene Dialoge.

Der Reihe nach: Das Raumschiff stürzt ab, viele der Passagiere verglühen, nur ein Segment des Schiffes landet halbwegs sicher, und mit ihm knapp ein Dutzend Passagiere und Besatzungsmitglieder, unter ihnen ein paar Muslime, ein Junge, ein kauziger Engländer und ein Hochsicherheitshäftling (Vin Diesel), der erwartungsgemäß den Dreh- und Angelpunkt des Dramas bilden wird.

Der Planet erweist sich als Wüstenlandschaft: Die entseelten Trümmer eines anderen Raumschiffes sowie die abgewetzten Skelette größerer Landtiere sind die vorerst einzigen Zeugnisse von Leben. Die drei verschiedenfarbigen Sonnen, die dem Planeten keine Sekunde Dunkelheit gönnen, tauchen die Atmosphäre in abwechselnd blaues und gelbes Licht und bieten damit den physikalischen Grund für eine monochrom-ausgewaschene Bildgestaltung, die anderen gern und zu recht als Werbeästhetik angekreidet wird, hier aber den zum Teil umwerfenden visuellen Ausdruck der Wahrnehmung einer absolut fremden, alles Lebendige durchstrahlenden Umwelt ermöglicht, den kein künstlicher Schweißtropfen hätte evozieren können.

Der bald entschwundene Häftling bleibt nicht das einzige Problem der Gruppe, denn man ist doch nicht allein: In unterirdischen Höhlen und allem anderen, was dunkel ist, leben lichtscheue Kreaturen, flink, wendig und tentakelig die einen, aber auch die guten alten alienförmigen sowie kleinere Versionen als Flattermänner, die zu bestimmten Zeiten in Schwärmen ihre Löcher verlassen und wie Piranhas alles Lebendige in ihrem Weg pulverisieren, was sich nicht rechtzeitig zu Boden wirft.

Als wär's noch nicht genug, stoßen die Gestrandeten in den Ruinen auf ein Blechmodell des hiesigen Planetensystems, und nachdem sie ein wenig daran herumgedreht haben stellen sie fest, dass nach jeweils einer bestimmten Periode, nämlich alle 22 Jahre, einer der Nachbarplaneten sich vor die dann zuständige Sonne schiebt und den Planeten zeitweise völlig verdunkelt. Schockartig folgt die Erkenntnis: Das ist der Zeitpunkt, da die Büchse der Pandora aufspringt, der Höllenschlund seinen Rachen aufreißt, alles Getier aus der tiefsten Tiefe an die Oberfläche kraucht und jedes Wesen, das nicht ausreichend erleuchtet ist, dahinfrisst.

Und natürlich steht die nächste Sonnenfinsternis unmittelbar bevor, ein Zufall, den zu erklären die Erzählung sich nicht die Mühe macht. Die Behauptung muss reichen, denn bestätigt wird sie gleich darauf: Der schöne Riesenplanet mit zwei parallel übereinanderliegenden Ringen (was, wenn mich meine rudimentären Kenntnisse der Himmelsmechanik nicht täuschen, eigentlich unmöglich ist) nimmt einen Großteil des Himmels ein und ist schon bedenklich nahe an die Sonne herangerückt. Und blitzhaft tut sich hinter den weltlichen Querelen um die Bedrohung durch einen entsprungenen Sträfling ein Abgrund an Urängsten auf: die Furcht vor der Dunkelheit, der äußeren und der inneren, und ihren Dämonen, die seit Anbeginn gemeinsam mit den Eulen der Minerva in der Dämmerung ihren Flug beginnen. Jene Angst, die schon den Frühmenschen und jedes Kleinkind umtreibt, die mit einem steigenden Maße an Aufgeklärtheit nicht schwindet, sondern nur hinter die lichten Konstruktionen zurückweicht, die der Sapiens um sich herum zimmert, und die umso heftiger auf ihn einstürzt, wenn sie unter Druck Risse zeigen oder ganz zusammenkrachen.

So müssen die Überlebenden sich zusammenraufen, Verbrecher und Aufpasser, um vor allem Gesetzesgeplänkel der barbarischen Finsternis zu widerstehen, und nebenbei einige halbinteressante Charakterkonflikte ausfechten, die in einem Anfall von Qualitätshuberei ins Drehbuch gerutscht sind. Wo doch die Personenkonstellation selber eine Reihe teils zutiefst klischeehafter, teils wirklich origineller Typen bildet, die für sich schon markig genug sind, um an der charakterlichen Ausgestaltung mehr als die bloße gute Absicht spürbar zu machen: allen voran der Sträfling, ganz Körper und Reibeisenstimme, der verschrobene Engländer, der alle witzigen Sprüche aufsagt, die den Autoren zu ihren Figuren einfielen (und der überflüssig wurde, als ihnen die Sprüche ausgingen), die sehnige Muskelfrau, die nur in *Terminator 2* lange lebte, bis hin zu den Muslimen, die dringend die Luftlinie nach Mekka rausfinden müssen und dem Jungen, gerade eben Teenager, der sich den Sträfling zum Vorbild nimmt und ihm auch in der Kleidung nacheifert.

Und der, als sein kleines Geheimnis gelüftet wird, ein eindrucksvolles Modell des Geflechts von Scham, Schuldgefühl und Angst vor unverdienter Bestrafung in entfremdeter Sexualität darstellt. Die Viecher geifern nämlich besonders gierig, wenn sie Blut riechen, und da niemand frisch verletzt und keine der anwesenden Damen unpässlich ist, bleibt nur ein Schluss: Der Bengel ist in Wirklichkeit ein Mädchen, das darüber hinaus seine wohl erste Regel bekommen hat.

Die Erzählung gräbt sich damit tief in die menschliche Seelenqual an einem Triebhaushalt, der in düsteren restriktiven Zeiten kein Fanal der Befreiung ist, sondern – als Einfallstor unterirdischer Ungeheuer sowie Anlass unverschuldeter Strafe – Fokus beider Sphären des Unheils. Das Mädchen ist das materiale Bindeglied zwischen den von innen hervor- und von außen einstürmenden Mächten, deren Kongruenz in den weniger eindeutigen Situationen des irdischen Alltags nur als Projektionen (das verschrobene Innere begegnet uns in der Außenwelt) bzw. andersrum als Neurosen (das verschrobene Außen malträtiert uns von innen) analytisch verquast werden kann. Es musste erst ein billiger SF-Film kommen, um den heute gern vergessenen substantiellen Zusammenhang zwischen verqueren Zuständen und verquerer Seele mal wieder sinnfällig zu machen.

So zieht ein etwas anderer Zug des Lebens durch die verfinsterte Landschaft, die spätestens seit dem Mädchen die Atmosphäre der allzumenschlichen Dialektik von triebhaft aufgeladener Dunkelheit und Zerstörungswut auf alles, was mit ungebändigtem Lebensdrang assoziierbar ist, nicht mehr los wird; nicht zuletzt, weil die logische Struktur des Dilemmas nahelegt, alle innere Regung wegen potentieller Gefahr zu unterdrücken. Denn merke: Streite, mitleide oder menstruiere nie, wenn Monster über dir geiern.

Auch die Monster sehen merkwürdig allgemeingültig aus, vermutlich weil der Film nichts groß Neues einführt, sondern einfach die tradierten Formen übernimmt: Die Flattertiere erinnern an durchgedrehte Bienen oder *die Vögel*, die Spinnentiere an die übermächtigen "Schatten" aus der Serie *Babylon 5* und die übrigen u.a. an *Species* oder an die

Spezies 8472 der Serie *Voyager*, die sowieso alle von einer Urmutter, nämlich von Gigers *Alien* abstammen. Wie es sich für einen B-Film gehört, belässt *Pitch Black* es bei der Kanonisierung bewährter Gestaltungen und spinnt damit das für jedes Genre so wichtige Netz des mythischen Bilder- und Motivvorrats weiter, ohne das jegliche Zuspitzung oder gar Erneuerung durch Großfilme kein Material hätte.

Andererseits stellt sich die verführerische Frage, ob diese und keine andere Galerie eines Mundus subterraneus sich herausgebildet hat, eben weil die im kollektiven Bildgedächtnis konservierten Fratzen irgendeine Ähnlichkeit mit unseren eigenen Dämonen haben, ob unsere Genrehelden also mit einem enzyklopädischen Bestiarium fleischgewordener Urängste konfrontiert sind, derer man sich nur durch Flucht, Abschuss oder eben Erleuchtung erwehren kann. Auf jeden Fall prägt der Film eindrucksvolle Bilder der Furcht eines funzeligen Subjekts vor dem übermächtigen Unbekannten.

Am Ende steht bei diesem, wie bei obigem, wie bei jedem Film, in dessen Verlauf eine Art Querschnitt der Menschheit in eine unbekannte Situation geworfen und bei dem Versuch, ihrer Herr zu werden, schrittweise dezimiert wird, die Frage, ob eine bzw. welche mythische Personenkonstellation übrig bleibt, will sagen: im jeweiligen Fall das ideale Aufgebot zur Überwindung der Bedrohung stellt. Und auch hier können B-Filme wie *Cube* und *Pitch Black* sich einiges mehr an Konsequenz bei gleichzeitiger Unvorhersehbarkeit leisten als einschlägige A-Genrefilme der letzten Zeit, z.B. *Deep Blue Sea* oder *Mission to Mars* – meist aufgeblasene B-Filme, die für den Ritterschlag alles abdecken wollen, Spannung und Hirn, Charakter und Action, und oftmals eben deswegen nichts davon wirklich erreichen. Gerade angesichts von *Mission to Mars* mit seiner zwar eindrucksvollen visuellen Gestalt, aber schalen Handlung, banalen Intellektualität und seinen hilflos deplazierten Stars möchte man meinen, dass manchmal zwei bescheidene Filme mehr erreichen als ein großer.

Und gerade dann, wenn sie mit Imagination, Nervenaufreibung und auch hübsch plakativer Drastik dem Zuschauer das Räsonnement über barbarische Naturmacht und die letztendliche Angleichung der Eindämmungstechniken an jene Brutalität unter die Gänsehaut injizieren – einen Gehalt, der, explizit ausgesprochen, einem sonst gern als abgestanden und miesepetrig um die Ohren gehauen wird. Von den kleinen phosphoreszierenden Schneckentierchen, die die Reisenden von *Pitch Black* massenweise in ausgetrunkene Jack Daniel's-Flaschen stopfen, um ein paar Funzeln zur Abwehr des Unmenschlichen herzustellen, führt eine direkte Linie zu den Gefangenen im *Cube*, die, nachdem alles Lebendige dazu herangezogen wurde, nun selber dran sind: Würden sie im guten alten Double feature präsentiert, wären beide Filme eine multiperspektivische Illustration von Ursprung und Dialektik der Aufklärung.

Anscheinend kann eine Flaschenpost, die inzwischen die Atmosphäre verlassen hat und nun durch den leeren Raum treibt, nur mehr von einem Raumschiff aufgefangen werden.

(Erschienen in *konkret* 9/2000)

Der amerikanische Fremde: *The Man Who Wasn't There* (2001)

Dass die Coen-Brüder handwerklich perfekte und stilsichere ironische Variationen klassischer Filmgenres drehen, ist hinlänglich bekannt und ein Gemeinplatz, der in gängigen Filmlexika und -artikeln selten fehlt. Und das gern mit der Einschränkung, dass die glänzend-abweisende Oberfläche ihrer Werke jedoch von einer bisweilen fehlenden Handlungslogik und einer comichaften Überzeichnung der Figuren nicht ablenken könne. Bei aller cineastischen Fingerfertigkeit und Trickserei drehten die Coens sich im Kreise ihrer Cinephilie und könnten nichts anderes als ihre Lieblingsgenres abzuschreiten, ohne dabei die Schwelle zu echten Emotionen und Charakteren oder gar zur politischen Welt jenseits des Nachbarschaftskinos ihrer Jugend zu überschreiten.

Okay, hier und da blitze die echte Welt auf, handelte *Barton Fink* doch von der Korruption des sensiblen Künstlers im Mahlstrom der Filmindustrie, und in *Fargo* endlich habe man mit Frances McDormand die erste vollwertige Charakterfigur eines Coenfilms, mit der man ernsthaft mitfühle, weil ihre leichte Schrulligkeit mehr sei als ein dienendes Konstruktionselement innerhalb der größeren Dramenmechanik bzw. Absurdarchitektur des Filmwerks. Doch am Ende verpuffe ein solcher Ausgriff in die Wirklichkeit dann doch nur in surrealen Mätzchen oder grotesken Blutorgien, und die beinahe menschliche Erzählung runde sich wieder zurück in die Abgeschlossenheit der eigenen ästhetischen Gegenwelt.

Ein solcher paradigmatischer Einwurf gegen die Filme der Coens hat zwar einiges von ihrem Wesen, aber wenig von ihrer Bedeutung verstanden; an ihm lässt sich ablesen, dass ein Gemeinplatz anfangs stimmen mag, aber immer falscher wird, je länger man sich auf ihn verlässt. Gerade in bezug auf *The Man Who Wasn't There*, den – vor aller Wertung – mit

Sicherheit kompaktesten und luftdichtesten Coenfilm, der daher selbst Coen-Freunde ratlos ließ. Als langweilig wurde er befunden, und selbst ein Coenfan wie Fozzie Bear von Aint-it-cool-news.com (ein Kumpel von Instant-Großkritiker Harry Knowles, und wer dort nicht regelmäßig nachkuckt, um original amerikanische Reaktionen auf gerade eben bzw. noch nicht mal (!) gestartete Filme mitzukriegen, der hat selber schuld) musste erstmalig passen – die Hochglanz-Schwarzweißfotografie (wie gehabt Roger Deakins) und die ganze mise-en-scène seien zwar atemberaubend, die Persönlichkeit der Hauptfigur aber inzwischen so weit reduziert, dass an deren Schicksal niemand mehr Anteil nimmt und damit der Film einfach gefällig durchflutsche, ohne dass von der Erzählung etwas hängenbleibe. (Angemerkt sei, dass Knowles wie erwartet von dem Film begeistert war, und ein anderer Kumpel "mind fuck" und "bring your brain" jubelte.)

Der Reihe nach. Der Film ist in Stil, Thema und Atmosphäre explizit dem Film noir gewidmet bzw. der Welt James M. Cains, eines seiner Hauptgeschichtenlieferanten, die bevölkert war von moralisch verlotterten Helden und trübseligen Existenzen. 1949 in Santa Rosa, Calif.: Sonnenlicht durchflutet das Örtchen, doch aus verschobener Perspektive tun sich tiefe Schatten auf. Ed Crane (Billy Bob Thornton) ist Friseur im Laden seines Schwagers, ein wie er meint krisenfester Job, denn die Haare des Menschen würden ewig wachsen. Äußerlich stoisch bewegt er sich durchs Leben und verzieht keine Miene, nicht mal als ihm dämmert, dass seine Frau Doris und ihr Chef Big Dave (Frances McDormand und "Tony Soprano" James Gandolfini) sich verdächtig gut verstehen. Erst als ihm ein Kunde namens Tolliver (Jon Polito), ein Handelsreisender in Finanznot, von seinem Traumgeschäft erzählt – dem hypermodernen Geheimtip Trockenreinigung –, wird Ed aktiv. Anonym erpresst er die benötigten 10.000 Dollar von Big Dave, anderenfalls werde er dessen Affäre mit Mrs. Crane publik machen.

Treffer. Die beiden haben in der Tat eine Affäre, Big Dave ist nicht gewillt sie zu veröffentlichen und zahlt, Ed trägt das Geld zu seinem neuen Geschäftspartner. Soweit könnte alles seinen ruhigen Gang gehen, ein kleines unschuldiges Verbrechen richtet nicht justitiable Schuld für einen guten Zweck, denn die Wirtschaft würde wachsen und die technische Entwicklung fortschreiten. Doch die Ereignisse beginnen sich zu verwickeln. Big Dave wendet sich in seinem Dilemma ratsuchend an Ed, hat er doch in der geforderten Summe exakt den Betrag erkannt, um den ihn, Dave, vor kurzem ein Handelsreisender angehauen habe. Welcher wiederum, als Ed kurze Zeit später das weitere mit ihm besprechen möchte, sich mit dem Geld aus dem Staub gemacht hat.

Big Dave seinerseits hat den Flüchtigen zwischenzeitlich getroffen und erfahren, von wem das Geld kam. Er stellt Ed auf seine Art zur Rede und endet mit einem Messer im Hals, das dieser in hilfloser Notwehr greifen konnte. Dem Dilemma zwischen Schuld und Notwehr entzieht Ed sich durch Stillschweigen; mit dem Ergebnis dass schließlich seine Frau des Mordes an ihrem Geliebten angeklagt wird und daran umkommt.

Was Ed mit dem selben ungerührten Gesicht quittiert wie die Tatsache, dass er selber kurze Zeit später unter Mordverdacht festgenommen wird, als sich nämlich herausstellt, was Big Dave meint, wenn er jemanden "trifft". Und ebenso ungerührt geht er diesen Weg zuende, auch wenn er sein Haus verpfändet, um einen schmierigen Staranwalt für ein kurzes und folgenloses Gastspiel zu engagieren. Noch nicht mal die Außerirdischen, vor denen ihn Big Daves durchknallende Frau gewarnt hat, können Ed am Ende bei laufendem Motor dazu bringen, sein Schicksal abzuwenden und in unendliche Weiten zu fliehen. Wie Camus' Fremder sieht er seiner eigenen Geschichte als Zuschauer zu, vom irgendwie entrückt-zufälligen Mord an einem Araber, durch

Prozess und Wahrheitsfindung hindurch, bis er schließlich seiner Hinrichtung beiwohnt.

Das Verstörende an *The Man Who Wasn't There* ist, dass man die ganze Entwicklung, die für Ed scheinbar nichts weiter als eine Abfolge ist, einer provinziellen Dumpfheit zuschreiben möchte, wäre da nicht die Episode mit Birdy, jener halbwüchsigen Tochter eines Freundes, von deren musikalischen Talenten Ed so umgeworfen ist, dass er alles ihm zur Verfügung stehende in ihre Ausbildung stecken möchte. Er fährt mit ihr nach San Francisco zu einem teuren Starlehrer, der sie aber nicht nimmt. Die weder von Eds Zuwendung noch von dieser Ablehnung sonderlich gerührte Birdy bedankt sich trotzdem auf eine so frühreife wie unorthodoxe Art, dass Ed samt Auto wieder aus der Bahn geworfen wird und im Krankenhaus in seiner gewohnten Immobilität erwacht.

Unklar ist, was Ed mehr erschüttert, dass er beinahe den Tod des Mädchens mitverschuldet hätte oder dass sie seine Faszination an ihr derart missverstehen und zuletzt auf ein Niveau herunterdeuten konnte, das ebenjene Gemeinschaft charakterisiert, gerade der er sich normalerweise durch Nichtanteilnahme entzieht. Dass Birdy dachte, er sei einer von denen, wäre ein weiterer Anlass seiner unausgesprochenen ständigen Nausea; der manische Ausbruch ins Mentorentum einer vermeintlich unschuldigen Jugend steigert nur seine Fallhöhe zurück in die Depression des alltäglichen Lebens, an dem er nicht gleichgültig oder nur tumb, sondern genauer: *detached*, seltsam abgelöst, teilnimmt, möglicherweise weil er sonst von dessen Realitäten erfasst und nur noch weiter runtergerissen würde. Der Zug ins Existentialistische, den wie jeder Film noir auch dieser aufweist, zeigt einen bedeutenden Unterschied zum klassischen: Es ist nicht die Aufdeckung einer erkenntnistheoretischen Lebenslüge oder eines Mordes, die Ed seine Distanz zur Welt beibringt. In seiner gibt es nichts mehr geradezurücken oder klarzustellen, es ist die inzwischen normal gewordene, gleichsam physiologische

Verfassung der Welt, nicht mehr die pathologische, die ihn absondert.

An einem solchen Charakter keinen Angriffspunkt für Anteilnahme zu finden könnte nur jemand, dessen Blick auf der Oberfläche von Billy Bob Thorntons leutselig-unbewegtem Gesicht anhält ohne zu überschlagen, wie es hinter einem starr bleibenden Antlitz aussehen muss, das nicht schuldlos, aber doch unschuldig den Weg einer Welt zuende geht, die ihn nach mehreren Anläufen einer Einlösung ihrer Versprechen auf Gerechtigkeit sowie Belohnung von Initiative und Anstrengung nur noch tiefer zurücklässt. Der Schauspieler soll das Innere seiner Figur nach außen tragen, so heißt es, aber es muss kein schlechter Schauspieler sein, wer dem Rechnung trägt, dass für manches keine Grimassen mehr ausreichen.

Die thematischen Vorlagen bzw. Vorläufer des Films liegen auf der Hand, man denkt an all die schwarzweißen Helden bei Lang, bei Hitchcock und anderen, die ohne Schuld in eine teuflische Maschinerie aus Justiz, Leidenschaft oder selbstlaufender Dramatik geraten, aus der sie nur blessiert wieder herauskommen. Das vielleicht direkteste Vorbild für die Imago Ed Cranes ist das melancholisch-verständnislose Gesicht des unschuldig verdächtigten Henry Fonda in Hitchcocks *Verdacht*, der, nachdem schließlich der wirkliche Mörder gefunden ist, seine Frau in der Irrenanstalt besuchen muss.

Doch es gibt einen gravierenden Unterschied. Zwar wird Ed zur Rechenschaft gezogen für eine Tat, die er nicht begangen hat, doch ist er weder schuldlos in den Teufelskreis hineingeraten, noch kommt er mit nur einer Delle wieder heraus wie Henry Fonda, dessen Frau laut Abspanntext wieder völlig geheilt werden konnte. Und mit dieser, tschuldigung, genialen Handlungskonstruktion schlagen die Coens den Bogen zurück von ihrem Genreeklektizismus zu der Matrix, die ursprünglich zum Entstehen und Vergehen ihrer geliebten Genres beitrug, nämlich der gesellschaftlichen Realität und ihrer Selbstverständigung in Bildern und Erzählungen, sei es in eskapistischer Ablenkung von Depression und Krieg, sei es in grimmiger Verdeutlichung öffentlich verwischter Verquerungen in Kapitalismus, Ordnungsmechanismen und Massenpsychologie. Genres in ihrer thematischen wie stilistischen Geschlossenheit stellen einen jeweils charakteristischen semantischen Apparat bereit, mittels dessen distinkte Bereiche des Lebens verhandelt und auf ihren Begriff gebracht werden, eine Art ikonischen Begriff, der als nichtdiskursivsensueller gerade in der Zerstreuung seine Adressaten findet und dessen Wahrheit sich im Zuspruch des Publikums erfüllt.

So griffen die Coens nicht nur auf die Ikonographie ihrer Genres, vor allem der 30er und 40er, zurück, sondern auch auf deren Tendenz, ihre Zeit in Bilder zu fassen. Dass die Zeit der Vorbilder eine andere als die heutige war, führte vielleicht zu der Verwirrung, die Coens spielten nur im selbstreferenziellen Raum herum, wobei sie doch ebenso von der Gegenwart reden wie andere, wenn auch im Duktus ihres persönlichen mythischen Universums. So erzählten sie im Gewand des Gangsterfilms vom Verfall der politischen Sitten in einer Welt, worin die Mafia nicht als das Böse an sich, sondern als ihr düsterer Doppelgänger erscheint (*Miller's Crossing*), im Gewand der Screwballkomödie von der Kollision kapitalistischer Machtarchitektur mit der zersetzenden Kraft ihrer vermeintlichen Trümpfe (*The Hudsucker Proxy*) oder im Gewand der Slapstickkomödie von der Erwartungslosigkeit gealterter Kämpen, die, statt wie einst ihre Lebensentwürfe gegeneinander durchsetzen zu wollen, heute nur noch im gemeinsamen Bowling Erfüllung finden (*The Big Lebowsky*). Der Überschlag zur Außenwelt läuft bei den Coens auf dem guten alten allegorischen Weg über die Bande; anstatt äußere Verhältnisse in die Eigendynamik des Kinos hereinzunehmen und dort dramatisch und emotional aufzuputzen, lassen die Coens diese eigene Dynamik nach einer vorgegebenen Startposition sich austoben und sehen dann, inwiefern die Außenwelt ihren eigenen Lauf darin wiedererkennt.

Diese weniger explizite als inhärente Aussagekraft, bisher in variierender Deutlichkeit und Absicht verfolgt, ist nun ausgerechnet und gleichzeitig logischerweise im wohl hermetischsten und düstersten Coen-Film auf die Spitze getrieben. Sehr schwarzweiß, als müssten die Dinge sich erst mühsam aus dem Dunkel ins Licht ziehen, und mit einer dramatischen Konsequenz, die der Coen-typischen Parade skurriler Figuren und Begebenheiten einen fatalistischen Kontrapunkt unterlegt, entrollt *The Man Who Wasn't There* eine Passionsgeschichte seines Helden, dem die Mischung aus guter Absicht, verkannter Eigenschuld und unbedarfter Passivität zum Verhängnis wird. Welches er aber, im Gegensatz zu uns allen, die wir uns widerwillig in ihm wiedererkennen, letztlich in klassisch-heroischer Verantwortung auf sich nimmt. Oder auch nur gleichgültig und antriebslos über sich ergehen lässt, je nachdem ob wir hinter seinem Gesicht ein abwesendes oder ein metaphysisch überhöhtes Rechtsempfinden vermuten wollen.

Die karge Parabelhaftigkeit der Erzählung lässt natürlich auch ihren kulturellen Mutterboden nicht ungeschoren, haben die Coens doch bei der Aufstellung ihrer Figuren mit vollen Händen in die amerikanische Mythologie gegriffen: Santa Rosa, das Städtchen aus Hitchcocks *Im Schatten des Zweifels*, ist bevölkert von einer doppelbödigen Femme fatale, einem windigen Handlungsreisenden, einem Mafioso von nebenan, einem schmierigen Staranwalt, und mittendrin ein Friseur, der *Barber* Ed Crane, das vielleicht reinste Symbol amerikanischer Unschuld und unveränderlicher Beschaulichkeit, der in den Kleinstadt-Pastoralen Norman Rockwells seine Ikonenwerdung erfuhr und seither den fernen Weltenlauf nur daran ermessen konnte, dass die Frisurenmoden sich abwechselten.

Ed Crane, das Noir-Amalgam aus der Unschuld Henry Fondas, der Undurchschaubarkeit Joseph Cottens und der unaufgeregten Geradlinigkeit Dana Andrews' ist Projektions-fläche für ein Land, das von vornherein Smallville nie verlassen wollte, durch seine inhärenten Superkräfte sich jedoch einzugreifen genötigt sah, wo es seine Ideale bzw. Interessen voranbringen konnte; offiziell stets mit den besten Absichten, aber letztendlich allzuoft mit katastrophalen Folgen. Ed ist Täter und Opfer zugleich, er wird unschuldig gerichtet im Rahmen eines Verlaufs, den er selber mit zwei Verbrechen in Gang gesetzt hat, und sein ungerührtes Antlitz kann sosehr kalte Berechnung und Erduldung der Konsequenzen bedeuten wie ein erstauntes Nichtverstehen angesichts der Verwicklungen – nicht erst seit den jüngsten Anschlägen muss sich in dieser tödlichen Dialektik der amerikanische Januskopf erkennen. Um im Bild zu bleiben: Billy Bob Thorntons Ed Crane ist, nach *Forrest Gump* (Tom Hanks), *JFK*s Jim Garrison (Kevin Costner) und *Nixon* (Anthony Hopkins) der noch fehlende Kopf auf dem popkulturellen Mount Rushmore der Neunziger, und als kompakt konstruierter sowie auf den Punkt inszenierter und fotografierter Genrefilm kondensiert *The Man Who Wasn't There* das Dilemma des amerikanischen Universums in einer Nussschale. Oder kurz: ein großartiger Film.

(Erschienen in *Jungle World* 45/2001)

Die 20. Arbeit des Herakles: *Stirb an einem anderen Tag*
oder James Bond 007 jagt Gustav Gans (2002)

"Es gibt nur Karl May und Hegel, alles dazwischen ist unreine
Mischung."
Ernst Bloch

Es ist mal wieder soweit. Ein neuer James Bond-Film läuft an,
und die Wächter der Qualitätstradition werden aufquaken. Das
ist ein schöner alter Brauch. Überall wird man wieder
süffisante Bemerkungen darüber hören, dass es der inzwischen
soundsovielte Teil einer nicht enden wollenden Filmserie sei,
was einmal mehr zeige, dass das geldgierige Hollywood mit
Fortsetzungen lieber die garantierte Kohle mache, als mit
demselben Geld weniger sichere, dafür eigenständige und
originale Produktionen zu wagen. Was man heutzutage eben
unter Kapitalismuskritik versteht.

Doch ist nichts so eindeutig wie es scheint. Das
Dogma der Originalität von Kunstwerken ist noch nicht sehr
alt, es kanonisierte sich erst im Laufe des 19. Jahrhunderts, als
die Kunst endgültig aus dem Dienst an der Religion entlassen
– gleichsam outgesourced – wurde und die Künstler sich mit
ihren Talenten auf dem freien Markte behaupten mussten.
Originalität und ständige Novität galten dabei als eine für den
Konkurrenzkampf nicht zu unterschätzende Talentinvestition.
Irgendwie lustig.

Ebenso wird gern übersehen, dass ein Kanon beliebter
Vorgängerfilme nicht nur Vorschusslorbeeren nebst sicherer
Finanzierung, sondern vor allem auch eine Erwartungshaltung
sowie eine ästhetische Messlatte mit sich bringt, vor denen
jede Fortsetzung sich erst einmal behaupten muss. Ein gut
durchschnittlicher Thriller wie *Projekt Peacemaker* wäre als
Bondfilm mit Sicherheit durchgefallen, ganz wie der als
Fernsehfilm ebenfalls passable *Lizenz zum Töten* als Bondfilm
schlicht eine Totalniete war; oder *Alien 4*, ein an sich über-
durchschnittlicher Science Fiction-Film, der im Vergleich mit

seinen jeweils auf ihre Weise großartigen Vorläufern notgedrungen schrumpft.

Das legt nahe, Filmserien weniger als Publikumsverarschung denn als eigenständige kleine Subgenres zu betrachten, die in wenigen Filmen einen eigenen Kreis von Figuren und Motiven, eine eigene Ikonographie, eine eigene dramatische Syntax und im besten Falle sogar eigene musikalische Motive herausarbeiten und fixieren, die mit jedem weiteren Film neu aufgelegt werden, jedoch in Verbindung mit dem jeweiligen – politischen wie ästhetischen – Zeitgeist sowie der Person des Erzählenden eine eigenständige Prägung bilden. Die Bondserie, als bestes Beispiel, ist zwar ellenlang und damit Altersversorgung für ihre Produzenten, in ihrer Gesamtheit aber auch ein panoramisches Geschichtsbild des ausgehenden Jahrhunderts (und darüber hinaus), ein Seismograph der gesamtkulturellen Entwicklung der vergangenen 40 Jahre. Wer z.B. hätte in den Sechzigern gedacht, dass Bond in den Achtzigern der Leninorden der Sowjetunion verliehen würde?

Im übrigen macht eine Filmserie gar keinen Hehl daraus, dass sie "nicht neu" ist, d.h. dass sie in ihren Werken vorgegebene und hinlänglich erprobte Muster anklickt; ihre Bekanntheit wird sogar in einem Maße vorausgesetzt, dass sie selber Element des ästhetischen Materials werden. Sie schaffen Raum und Angriffspunkte für jene Variationen und Bereicherungen, die jeder Film seiner Serie hinzufügt, und die zusammen mit der Wiedererkennung des Liebgewonnenen seinen besonderen Spaß ausmachen. Man braucht sich nur den Hippie-Klamauk der frühen Roger Moore-Bondfilme anzusehen, um zu ermessen, dass die Zeit vergeht.

Was, nebenbei, in allen Genrefilme mitzuerleben ist. Auch die, welche die Originalitätsfreunde so einzigartig finden. Es sind nämlich die wenigsten Filme vom Himmel gefallen, ein großer Rest erzählt seit Anbeginn des Kinos die immergleichen Fabeln mit den immergleichen Charakteren und ist oft da besonders formelhaft, wo man besonders einzigartig tut. Die sogenannten Regeln des filmischen Erzählens sind inzwischen soweit standardisiert und der industriellen Produktion dienlich gemacht, dass ihre bloße Anwendung finanziellen wie künstlerischen Erfolg verspricht und sie als Bedienungsanleitung einer Erzählmaschine – *How to Write a Screenplay that Sells* – unters Volk geworfen werden. Darüber hinaus werden vom *Piano* bis zum *englischen Patienten* dem Publikum gern statt guter Geschichten genau die gleichen Standardgefühle verkauft, die schon unsere Omas flennen ließen und die als Investition besonders dann eine sichere Bank sind, wenn man durch stete Umbenennung der Hauptfiguren eine Universalität ihrer Emotionen vortäuscht.

So entsteht ein sich auftürmender Haufen oberflächlich unzusammenhängender Stückchen, deren behauptete Einzigartigkeit zur Folge hat, dass ihre noch so gut gemeinte Konstruktion einer Parallelwelt (im doppelten Sinne einer von unserer abgesonderten und ihr doch gleichlaufenden Welt) auf die Industrienorm der zwei Stunden beschränkt ist und damit unserer um einiges komplexeren Lebenswelt notwendig hinterherhinkt, will sagen es ihnen beinahe unmöglich ist, ein einigermaßen umfassendes wie diskursiv zusammenhängendes Bild der Realität zu formulieren.

Da lobt man sich die Filmserie (oder natürlich, im weiteren Sinne, die reflexive Genrefilmerei). Ganz abgesehen von der Wärme, dem Publikum alte Freunde statt ewig neuer Bekannter zu präsentieren, bildet die Filmserie mit der Reise des Helden und dessen periodisch wiederkehrenden Prüfungen die epische Seite des Kinos, sie verbindet abgerundete dramatische Episoden zu einem sich fortlaufend ergänzenden Weltentwurf, der theoretisch ebenso unabschließbar ist wie sein "reales" Vorbild.

So ist es nicht verwunderlich, wenn das moderne Epos auf die Vorbilder der antiken Heldenlegenden zurückgreift, oder genauer in ihm jene Muster zur Entfaltung kommen, die bereits in den frühesten Volkserzählungen am Werke waren.

Und was könnte in moderner Zeit deutlicher als Volksepos gelten als der Mainstreamfilm, der einerseits die Vorstellungswelt des Publikums vorformuliert, andererseits gerade durch seine kommerzielle Abhängigkeit von ebendiesem das aufbieten muss, was es hören will.

In dieser Hinsicht ist Bond keineswegs der unbefleckten Phantasie Ian Flemings entsprungen, sondern eine der zahlreichen Inkarnationen des Helden, der im Heraklesmythos einen ersten Höhepunkt gefunden hatte. Herakles, der Unbesiegbare, der einsame Kämpfer, der Kulturbringer, der die Menschheit (i.e. die Griechen) von zahlreichen Ungeheuern befreite, ihr aus der Ferne Schätze und Kriegsgerät beschaffte, in der Heimat den Dreck wegräumte und ihr so den Weg in die unbedrängte Zivilisation ebnete, kehrte an deren anderem Ende zurück in der Gestalt Bonds – nicht so sehr als Kulturbringer denn als Kultur-verteidiger –, und der durstigen Phantasie des Volkes ist es gleich, ob diese Kultur die hellenische ist oder die britische, ob es um das Wehrgehenk einer Amazonenkönigin geht oder um gestohlene Atomraketen, ob sein Auftraggeber Eurystheus heißt oder M, die schmachtende Eifersucht Deianeira oder Moneypenny, sein gelegentliches Helferlein Iolaos oder Felix Leiter, und ob er seine übermenschlichen Kräfte Zeus verdankt oder Q. Schließlich belegt die Episode der fünfzig Töchter des Thespios, die Herakles in einer Nacht schwängerte, dass nicht einmal Bonds legendäre Lendenstärke ohne klassisches Vorbild ist.

Was aber haben diese antikommunistischen Schundfilme mit der Verteidigung der Zivilisation zu tun, mag sich so mancher politisch aufgeklärte Filmfreund wundern. Doch macht man sich die Mühe, dieses Stück Populärkultur zumindest so ernst zu nehmen wie seine Verächter es tun, dann gilt es, an dieser Stelle mit eben jener zählebigen Legende aufzuräumen, Bond habe jahrzehntelang gegen den Warschauer Pakt gekämpft, sei demnach ein propagandistisches Relikt des Kalten Krieges und nach '89 der Lieblingsfeinde verlustig gegangen.

Im Gegenteil, bis auf wenige Scharmützel am Rande stellten in keinem einzigen Film die offiziellen Sowjets et al. die Erzbösen, stattdessen hauptsächlich voluntaristische Größenwahnsinnige mit privater Verbrecherorganisation, die mit Wunderwaffen Metropolen bedrohen oder Weltmächte aufeinanderhetzen, um sich konkurrenzlosen Reichtum zu beschaffen bzw. gleich die Weltherrschaft an sich zu reißen, die verderbte Menschheit auszurotten und eine neue Menschenrasse zu züchten. Es waren die diabolischsten Ausgeburten der jeweiligen Systeme, allen voran gar des kapitalistischen Westens, die deren Gründungsdoktrin und Erfolgsstrategien wörtlicher nahmen als vorgesehen – kurz: keine geläufigen Diktatoren sondern durchgeknallte Warlords. Bonds Reise führte ihn von Anfang an ins Herz der Finsternis einer Welt der unbegrenzten apokalyptischen Möglichkeiten, ins dunkle Reich des selbstgekrönten Outlaws Kurtz und seiner ergebenen Schergenschar, ob er in einer unterirdischen Raketenbasis regiert oder in einem isländischen Eispalast.

James Bond war nie wirklich Protagonist der klassischen Blockkonfrontation, vielmehr Katalysator einer internen Systemauseinandersetzung: zwischen krisenanfälliger Ordnung und deren eigenen skrupellosesten wie lernfähigsten Dämonen – und passenderweise fanden sich, als Figuren wie als Schauspieler, auffallend häufig Deutsche unter ihnen. Bond als Kulturverteidiger, das meint nicht den Kampf der eigenen Kultur gegen andere Kulturen, vornehmlich sozialistische, sondern die Bewahrung des Status Quo der bürgerlich-gezähmten Zivilisation jeder Couleur gegen ihre eigenen Rückfälle ins Caesarisch-Barbarische. Bond ist keineswegs gegen die Kommunisten, sondern stets gegen die guten alten Deutschen angetreten, in welcher Gewandung sie sich auch präsentieren mochten. Bzw. gegen den Deutschen in uns allen: ist es doch auffällig, wie verhältnismäßig häufig das

Dämonische mit dem Britischen, in diesem Kontext quasi der globalen Heimatkultur, unselig verschmolzen ist.

Wie in diesem jüngsten Fall. Bonds Gegner ist ein britisches Start up-Wunderkind namens Gustav (!) Graves (Toby Stephens) – eine Waise mit Lehrjahren in Argentinien (!), die in ihrer antiseptischen Hochnäsigkeit wie zur Bond-Parodie geklont erscheint –, das von seiner isländischen Firmenbasis aus Satelliten mit Sonnenkollektoren in eine Umlaufbahn geschossen hat, die zum Segen der Menschheit die dunkle Seite der Erde künstlich aufhellen und damit multiple Ernten erwirken sollen. Nur dass sie zu diesem Zweck mit aus afrikanischen Kriegsgebieten geschmuggelten Diamanten bestückt sowie überdies die Apparate auch bestens dazu geeignet sind, mit gebündelterem Strahl jedes gewünschte Ziel auf der Erde wegzubrennen. Denn, soviel sei verraten, Graves' Biographie ist patchworkiger als im Kurzinhalt angedeutet.

Die Autoren Neal Purvis & Robert Wade geben sich zum zweiten Mal in Folge redlich Mühe, Pierce Brosnans Bond politisch ernsthaftere Szenarien zu verschaffen und sogar den Charakter auf seine grimmigeren Aspekte hin zu untersuchen; Brosnan selber hat sich eingelebt und schüttelt seine Figur aus dem Ärmel, changierend zwischen Nonchalance und Routine. Unterm Strich ist der Film kein Volltreffer, doch auf jeden Fall eine würdige Fortsetzung des chronisch katastrophischen Welttheaters auf hohem Niveau; vielleicht aber zeichnet sich die Serie gerade durch die Abwesenheit singulärer Volltreffer aus, während jeder Film mehrere (oder weniger) Motive bereitstellt, die sich auf der Basis des dramatischen Setzkastensystems zu einem imaginären Idealbondfilm verbinden.

Und solche gelungenen Momente, Szenen oder One-liner bekommen wir auch hier, von Bonds langer Gefangenschaft (!) bis zu Qs neuen Gimmicks, der, ganz auf der Höhe der Zeit, nun auch Holodeck und Aston Martin mit Tarnvorrichtung entdeckt hat; andererseits ist der

Jubiläumsfilm gar ein kleines Museum der vergangenen 40 Bondjahre, von Lotte Lenyas Messerschuh bis zum Ursprung des Namens James Bond. Überhaupt sind Story, Charaktere, Gags, Effekte und Musik (David Arnold, der beste John Barry seit John Barry) wieder erfreulich selbstbewusst, sodass die poetische Könnerschaft sowie das ästhetische Vergnügen an diesem wie an allen solchen Werken ins Spielerische reichen; es ist die gleiche Selbstähnlichkeit, die gleiche Begrenztheit der Materialien und auch der gleiche kolportagehafte Abwechslungsreichtum wie weiland beim Spiel mit Big Jim: Ein Abenteuercamper, ein Jeep mit Gorillafangvorrichtung und drei Figuren garantierten monatelange Kurzweil. Bis es dann zu Weihnachten eine neue Figur gab.

Genau wie bei Bond: Es gesellt sich eine ebenbürtige Kombattantin zu ihm, die natürlich umwerfende NSA-Agentin Jinx (Halle Berry). Nebenbei streift Bond – quer durch die Schurkenstaaten – einen kooperativen chinesischen Geheimdienstler, einen friedliebenden nordkoreanischen General und einen freundlichen Kubaner, sowie nicht zuletzt den überheblichen US-Agenten Falco (Michael Madsen), der sich nach Joe Don Bakers US-Boy-Karikatur zu einer in der Abgrenzung fruchtbareren Nebenfigur entwickeln könnte. Hat da noch jemand etwas zu sagen zum Thema propagandistischer Trivialfilm vs. differenzierter Qualitätsfilm? Ja, der alte Bloch: Es gibt nur Godard und James Bond, alles dazwischen ist unreine Mischung.

(Erschienen in *Jungle World* 48/2002)

A une passante, revisited: *Before Sunset* (2004)

"Flüchtige Schönheit, von deren Blick ich plötzlich neu geboren war, soll ich dich in der Ewigkeit erst wiedersehen? Anderswo, sehr weit von hier! Zu spät! Niemals vielleicht! Denn ich weiß nicht, wohin du enteilst, du kennst den Weg nicht, den ich gehe, o du, die ich geliebt hätte, o du, die es wusste!"
(Baudelaire, "An eine, die vorüberging", *Die Blumen des Bösen*)

Das soll schon neun Jahre her sein? Ein amerikanischer Mittzwanziger auf Europatour, mit halblangen Haaren Klaus Kinski lesend, kam mit einer französischen Mittzwanzigerin ins Turtelgespräch, im Zug quer durch den Bauch der alten Welt. Er überredete sie, ihre Weiterfahrt nach Hause zu unterbrechen, einfach auszusteigen und einen Tag in Wien mit ihm zu verbringen, den letzten Abend vor seinem Rückflug. Die alte Generation X erprobte noch einmal ihre verdonnerte Bindungslosigkeit und Spontaneität, bevor sie dieses Brandzeichen zum hippen Tattoo erklärte, ihr Stigma zum Vermögenswert umdefinierte und im allesversprechenden Trubel des Neuen Marktes zu Narrengold machte. Eine Transaktion, deren Verheißung das erzwungene beschleunigte Erwachsenwerden in Kauf nehmen ließ, selbst wenn am Ende die Neue Arriviertheit wartete.

Am folgenden Morgen waren die beiden eine Nacht durch Wien flaniert – die Stadt, die, ob sie will oder nicht, in keinem ihrer bedeutenderen Auftritte ihre Konnotation als das Unbewusste Europas vergessen machen kann. Sie hatten gegessen, getrunken, geredet, gelacht, sich geneckt, sogar gestritten, sich gewonnen. Und, wer weiß, möglicherweise miteinander geschlafen. Auf jeden Fall hatten sie einen bis zum Anschlag gedehnten Augenblick lang im Wortsinne freie Liebe exerziert, mit allem was dazugehört, bevor sie sich auf dem Bahnsteig das Versprechen gaben, in sechs Monaten am selben Ort sich wiederzutreffen, und jeder für sich zurück in seinen Zug einstieg, um zu dem zurückzukehren, was das Über-ich ihnen abverlangte.

Und der rezensierende Mittzwanziger saß ganz unironisch zutiefst gerührt davor und war sich sicher, einen der besten, eher: einen der seltenen genuinen Liebesfilme gesehen zu haben. Einen Liebesfilm, Entschuldigung, für Jungs, der nicht, wie alle diese Liebesfilme für Mädchen, damit endete, dass ein attraktiver reicher Prinz einer unsteten Hibbeltrine die verantwortliche Lebensplanung abnahm, indem er sie nach 100 Minuten in den Hafen der Ehe führte. Einen Liebesfilm eben, keinen Ehefilm, der statt eines Endes einen Anfang, statt eines Vertrages ein unkorrumpiertes Gefühl, statt der Sesshaftigkeit das Nomadentum, statt des unhistorischen Versinkens das utopische Versprechen beschwor.

Und jetzt auch noch das. Die Filmemacher von einst, Regisseur Richard Linklater mit den Schauspielern Julie Delpy und Ethan Hawke, haben die narrative Redlichkeit besessen, eine Geschichte, die eigentlich wie jede gute nach Weitererzählung drängte, wirklich weiterzuerzählen, entgegen der alten Bauernregel, dass Fortsetzungen eines Hits, Jahre später mit denselben Charakteren gedreht, nur ein zweites Mal auf den alten Zug aufspringen wollten. Oder erinnert sich noch jemand an z.B. Jack Nicholsons *The Two Jakes*, oder an Peter Bogdanovichs *Texasville*?

Seit *Before Sunrise* also sind nun über neun Jahre vergangen. Jesse, inzwischen Mittdreißiger, hat ein Buch über sein damaliges Erlebnis geschrieben. Auf einer Lesereise verschlägt es ihn in einen kleinen Pariser Buchladen, wo Céline, ebenfalls inzwischen Mitte dreißig, interessiert im Hintergrund wartet. Natürlich hatten sie sich nicht nach sechs Monaten wiedergetroffen. Beide sehen aus wie immer, wie erwartet, schließlich haben zumindest wir die beiden in der Zwischenzeit hier und da mal im Kino gesehen. Als die beiden sich endlich wiedertreffen und die ersten Floskeln

austauschen, überrumpelt, erfreut und vor allem herz-
ergreifend unsicher, folgt der eigentliche Schock eines solchen
Sequels in Echtzeit: Kurz blitzen Ausschnitte von damals auf,
und der Generationsgenosse zuckt im direkten Vergleich
zusammen. Rundere, glattere Gesichter, ungebärdige Haare –
so JUNG sahen die damals aus? Sah ich auch, ohne es zu
merken, so jung aus? Sehe ich jetzt etwa genauso alt, naja,
gereift aus wie die beiden? Nun fällt es auf, beide sind dünner
geworden, haben mehr Kuhlen und Fältchen im Gesicht,
kleiden sich arrivierter. Vielleicht ist es das, was die Leute
späten Fortsetzungen gegenüber so misstrauisch macht, dass
sie nicht nur einen weiteren Punkt in der Zeit, sondern im
besten Falle, wie in diesem, auch die Zeit dazwischen
erzählen, und dass sie dabei quasi das Machtverhältnis der
Rezeption umkehren: Sie blicken zurück auf den Zuschauer,
wie Dorian Grays an seiner Stelle alterndes Portrait.

Dieses Mal nur haben die beiden noch weniger Zeit
als damals, bis Jesse zum Flughafen muss, und die verbringen
sie fast genauso wie einst: Sie flanieren durch Paris und
erzählen. Und erzählt wird viel in diesem Film, erstmal
bemühter Smalltalk und Politik, George Bush, Anti-
globalisierer, Imperialismus, Freedom Fries, dann davon was
war, was ist, was sein sollte. Jesse ist ein semiglücklich
verheirateter Familienvater in New York, Céline ist
professionelle NGO-Aktivistin und steckt in einer Beziehung
mit einem wilden Fotojournalisten, die sie eigentlich nur dann
wirklich genießt, wenn er mal wieder verreist ist. Und beide
rücken nur häppchenweise damit raus, dass sie ihr erstes
Treffen hauptsächlich als eine ihrer großen verpassten
Chancen im Leben erinnern. Doch selbst wenn über den
langen Spaziergang durch die Stadt immer deutlicher die
dunkle Glocke der Melancholie sich senkt, ist doch eins
positiv zu verbuchen: dass mit den Gesichtszügen auch die
Gesprächsthemen reifen können.

Vielleicht muss man einfach das entsprechende Alter
haben, oder nur zur richtigen Zeit im richtigen Kino gewesen

sein, am Ende bleibt jedenfalls ein so entwaffnender wie wunderbarer Film, der alle hämischen Abwägungen, welcher Teil bzw. was am "Original" denn nun besser sei, obsolet macht: Das ideale Sequel erzählt eine gute Geschichte so gut weiter, dass auch der Vorgänger daran gewinnt. Und weil diesmal den ausschließlich ganzen Film über geredet wird, erfährt man auch langsam aber sicher, wie es nun hinterher war, bzw. wer warum nicht zum verabredeten Zeitpunkt wieder in Wien erschienen ist. Und wer schon. Und es ist anders, als man einst vermutet hätte. Nur eins, das sei verraten, erfährt man nicht: ob Jesse damals wirklich dem verständnisvollen Barmann das gestundete Geld für die letzte Flasche Wein aus Amerika geschickt hat.

Zuletzt stelle man sich vor, das Projekt hätte jemand einer hiesigen Finanzierungsstelle vorgelegt: Ist das Ihr Ernst, die gehen die ganze Zeit nur rum und quatschen?? Der wäre hochkant rausgeflogen. Und das Publikum hätte das Ende der Geschichte nie erfahren, das, natürlich, wieder mal eher ein Anfang ist. Sein könnte. Sehen wir mal, was das Jahr 2013 so bringt.

Hellboy (2004)

Superhelden sehen anders aus. Irgendein Unfall im subatomaren oder genetischen Bereich verleiht ihnen Superkräfte, und fortan tragen sie spackige Kostüme, pflegen eine bürgerliche Parallelidentität und hadern wechselweise mit spackig kostümierten Erzgegnern oder ihrem Schicksal.

Es sei denn, man ist ein rothäutiger und hünenhafter Teufel aus den hintersten Tiefen der Hölle, mit Schwanz, einem hypertrophen Betonarm und zwei Hörnern, die man sich absägt, um in der Menschenwelt weniger anzuecken. Dann nämlich braucht man keine bunten Kleider, um sich als Sonderling hervorzutun, und auch keinen speziellen Anlass, sich zu betrinken und sein Umfeld zu beschimpfen. Man leidet einfach daran, so zu sein wie man immer war, und keine geheime menschliche Identität zu haben, in die man sich flüchten könnte. Wenn man Zigarren kaufen geht, muss man vertragen können, dass Passanten gaffen oder weglaufen.

Der einzige dumme Zufall war, vor Jahrzehnten dabei gewesen zu sein, als in den letzten Zügen des Weltkrieges niemand anderer als Grigori Rasputin (!) zusammen mit der Thule-Gesellschaft (!) und einem freischaffenden Dämonennazi (!) in einer schottischen Ruine ein Tor zur Hölle öffnete, um alle Biester der alten Abgründe heraufzuholen und die Welt zu unterjochen. Da glücklicherweise die Alliierten Wind davon bekamen, eingriffen und (augenscheinlich) alle töteten, gelangte nur ein kleines rotes Teufelchen durch den Spalt, das leicht mit einem Schokoriegel zu zähmen – und im Lauf der Erziehung auf die Seite der Guten zu holen war.

Gleich am Anfang also wird jedem, der dem Genre pauschal vorwirft, ausschließlich überzogene Kolportagen zu entwerfen, sein Klischee genüsslich um die Ohren gehauen, während die anderen sich guten Mutes an dessen selbstironisch-surrealer Travestie erfreuen dürfen. Nicht mal die ewigen Nazis werden ausgelassen, die das Popcornkino gern als scharfes Gewürz in seine Geschichten rührt – und deren Verschlingung mit dem dämonischen Einflüsterer des Zaren nebenbei einen hübschen Kommentar zur populistischen Totalitarismustheorie gibt.

Allerdings sehen, dem Helden entsprechend, auch die meisten Comicverfilmungen anders aus. Es sind vor allem Geschichten von Superhelden, die durch Comics berühmt wurden, im Gegensatz zu genuin filmischen Nachformungen jenes Mediums, dem sie entstammen. Seit jeher assoziiert man mit dem Terminus Comicverfilmung eine poppige Rasanz, die eher dem ewigen Vorurteil der Gegner des Comic, des visuellen wie geistigen Durchflutschens, entspricht, als dessen ureigenen Qualitäten, nämlich eine Bildergeschichte zu sein – eine Geschichte nicht über Bilder hinweg, sondern in Bildern erzählt, die wie ihre großen Geschwister im Museum lieber zur Arretierung und Versenkung einladen als zum hastigen Weiterblättern.

Der Ansatz, die comicspezifischen, quasi melo-dramatischen abrupten Wechsel der Perspektiven und Einstellungsgrößen zwischen den Bildern in Tempo und hinterherschwurbelnder Kamera aufzulösen, ist da noch am effektivsten, wo Superhelden vornehmlich fliegen oder herumschwingen. Ein ebenso wichtiger Topos jedoch, die zutiefst kontemplative Zerknirschung des Superhelden, der seine außergewöhnlichen Kräfte lieber als Last oder gar Fluch empfindet denn als Geschenk zur Rettung der Menschheit, und der möglicherweise das Markenzeichen des modernen Comicfilms seit Tim Burtons 1989er *Batman* geworden ist, wurde auf der bildlichen Ebene gern überrannt. Dafür, dass im Comic neben Skript und Zeichnung gern auch die Farbgebung einen eigenen Credit bekommt, ist in dessen Verfilmung selten die Zeit für ausgefeilte Tableaus – entsprechend sind es gerade Comicadaptionen ohne Superhelden, wie *Road To Perdition*, *From Hell* oder *V wie Vendetta*, die gerade im Bildverständnis einen Stilwillen aufbringen, der schnell zu kurz kommt, wenn Weltenzerstörer vor der Tür stehen.

Da freut man sich über einen Superhelden wie den melancholischen Hünen Hellboy, der so massiv, schwermütig, zigarrerauchend und ironische One-liner ablassend dahertappt, dass die Erzählung immer wieder von selber runterbremst, um in den entstehenden dramatischen Wellentälern dessen ausgreifender Persönlichkeit Raum und vor allem visuelle Fülle zu geben.

Der Erretter und spätere Adoptivvater Hellboys, Prof. Trevor Buttenholm (John Hurt!), wird logischerweise Direktor des Büros zur Erforschung und Abwehr des Paranormalen, einer klandestinen Abseite einer US-Regierungsbehörde. Hier finden in den folgenden Jahren diverse exquisite "Superhelden" ihre Heimat, die noch drastischer als alle X-Men und -Women in der Muggelwelt als Freaks gelten, geschlagen mit physischen Aberrationen, die oft genug geeigneter sind, vor allen Monstern erstmal ihre Träger selbst zu zerstören. Zu Anfang des Films z.B. hat Hellboy gerade Hausarrest, weil er mal wieder ohne Not sich in die Öffentlichkeit gestohlen hat, und grämt sich der angesichts seiner Erscheinung unerfüllbaren Liebe zur Kombattantin Liz (Selma Blair). Diese wiederum, Dauergast einer psychiatrischen Einrichtung, lernt erst langsam die Flammen zu beherrschen, die bei Erregung aus ihrem Körper schlagen.

Nun, Rasputin und sein Dämonennazi sind freilich nicht tot und befreien ein uraltes Tentakelmonster, das der manisch-depressive Hellboy in seinen seltenen Raserei-Ausbrüchen ausreichend zu verprügeln Gelegenheit bekommt. Undsoweiter, bis Rasputin erneut kurz davor steht, alle Höllentore aufzustoßen. Und alles in einer schönen visuellen Inszenierung, die in Komposition, Farbgestaltung sowie Figurendarstellung im Genre weit voraus ist – nicht zuletzt wegen Ron Perlman als Hellboy, dessen Präsenz offensichtlich mit dem Grad seiner Maskierung nur zulegt. Gegenüber der Vorlage, die oftmals nur in "stimmungsvollem" (Presseheft) Schwarzweiß daherkommt und deren manchmal arg holz-schnittartige Zeichnung die inhärenten persönlichen Regungen gelinde erstickt, bekommt diese Adaption speziell durch ihn eine zusätzliche, fast tragische Dimension. Einmal mehr ist der Film besser als das Buch.

Ich ist ein anderer: *Die Insel* (2005)

Nach der Apokalypse: Eine Umweltkatastrophe hat die Menschheit ausgerottet, die wenigen Überlebenden wurden vor der "Kontamination" weiter Teile der Erde in eine Arche gerettet, eine riesige stationäre Wohn-, Arbeits- und Freizeiteinheit irgendwo im Meer. Immer noch treffen vereinzelt verwirrte Nachzügler ein, aufgefunden in der zerstörten Ödnis, und werden mühsam integriert in das steril-uniforme Dasein aus Reglementierung, weißen Overalls und Zuteilungen aller Art. Etwas eintönig, gewiss, aber hey, wir leben noch.

Nur ein Ort auf der Welt ist übriggeblieben, der menschenwürdiges, ja wie es heißt gar paradiesisches Leben in unbeschädigter Natur ermöglicht: die sogenannte Insel, die auf überdimensionalen Flachbildschirmen an jeder Ecke als Fluchtpunkt bzw. Hauptgewinn eines jeden angepriesen wird. So betreibt die Gemeinschaft der Überlebenden, unter Aufsicht des monarchischen Oberarztes Dr. Merrick (Sean Bean), in einer Art gutmeinender Ernährungsdiktatur ihr Dasein, stets im Bewusstsein, dass individuelle Erlösung in jedem Moment eintreten kann: Hat ein Bewohner erstmal den nötigen Dekontaminationsgrad erreicht, entscheidet allein eine unregelmäßig abgehaltene Lotterie über seinen – dann von allen frenetisch gefeierten – Absprung zum neuen Glück. Wer gewinnt, darf die hermetische Umgebung verlassen und wird zur Insel gebracht, die anderen bleiben wehmütig zurück und erdulden ohne großartig zu murren die alltäglichen Maßregelungen. Jedem von ihnen ist der Aufstieg versprochen, und niemand fragt sich, warum nicht alle Gesundeten sofort auf die Insel dürfen.

Einer von ihnen jedoch, Lincoln Six-Echo (Ewan McGregor), beginnt eines Tages zu stutzen. In einem abseitigen Bereich der Anlage findet er ein kleines nutzloses Fliegetier, das eigentlich nicht hier sein dürfte, wenn wie behauptet draußen jedes Leben vernichtet ist. Neugierig geworden, klettert er durch Wände und an Wachen vorbei in einen Bereich, den er nie hätte sehen sollen. Die Gebärende, die offiziell zur Geburt auf die Insel durfte, wird gleich nach der Entbindung eines gesunden Kindes vor seinen Augen getötet, ein weiterer vermeintlicher Lotteriegewinner springt von einem OP-Tisch und rennt schreiend an Lincoln vorbei. Soviel zum Paradies.

Erleuchtet und ernüchtert schleicht Lincoln zurück in seine kleine Welt und versucht zu retten was zu retten ist, bevor sie, wer immer das sein mag, ihm auf die Spur kommen. Der plötzliche Lotteriegewinn seiner platonischen Geliebten Jordan Two-Delta (Scarlett Johansson) nimmt ihm die Entscheidung ab, was mit der neuen Weltanschauung anzufangen sei: Kurzerhand schnappt er sie sich, beschwört sie, ihm zu glauben, dass so etwas wie die Insel nicht existiert, und stattdessen mit ihm zu fliehen, den alarmierten Wächtern stets eine Ecke voraus. Erstaunlich zielstrebig finden sie den Weg aus dem Komplex hinaus, eine Brücke übers Meer, dann über die seltsame Schwelle, die ihren bisherigen Horizont als holographische Projektion im Inneren einer viel größeren unterirdischen Konstruktion entlarvt, und schließlich nach oben, ins Licht, ins Freie.

In einer kargen bergigen Region irgendwo im Mittleren Westen schlagen die beiden quasi das erste Mal die Augen auf. Und was sie sehen ist Verfall: Verbrannte Erde, Häuserruinen in einer Geröllwüste, ein heruntergekommenes Städtchen, darin eine bereits mittags gut gefüllte Kneipe. Dazu Lincolns heimlicher alter Bekannter McCord (Steve Buscemi), ein Arbeiter hinter den Kulissen der Trugstadt, der sich bisher als ihr untergeordneter Bewohner ausgab. Derart entlarvt, enthüllt McCord den staunenden Flüchtigen die Welt hinter den Spiegeln: Alle Bewohner sind Klone wohlhabender Leute, die Kopien von sich haben anfertigen lassen, um bei Bedarf 100% kompatible gesunde Organe, Zellen, Glieder oder Babys zu bekommen. Diese "Produkte", wie Dr. Merrick, in Wahrheit der Chef des zuständigen Biotechkonzerns, seinen Kunden versichert, vegetierten absolut ohne Bewusstsein in Plastiktüten-Uteri dahin, bis sie gebraucht würden. Er verheimlicht, dass die Qualität der Produkte, einmal zur Verwendbarkeit herangereift, nur garantiert ist, wenn man sie erwachen lässt, ihnen eine – aus einer begrenzten Menge von Fertigteilen zusammengesetzte – fiktive Biographie einpflanzt und gleichsam mit einem Lebensziel beschäftigt hält. Entsetzt entdeckt Merrick im Verlaufe der Geschichte, dass mit Lincolns Baureihe sich ein substantieller Fehler eingeschlichen hat: die mit Bewusstsein irgendwann einhergehende Neugier.

Bis hierhin allerdings ist höchstens die Hälfte des Films vorbei: Lincoln und Jordan machen sich auf die Suche nach ihren Vorbildern, und mit McCords aufopfernder Hilfe gelingt ihnen kurz vor dem Zugriff ihrer Verfolger der Absprung nach L.A. (Ein L.A. übrigens, das wieder einmal belegt, wie wenig sich die utopische Stadtphantasie seit immerhin Fritz Langs *Metropolis* weiterentwickelt hat.) Nun, Michael Bay wäre nicht Michael Bay, wenn er nicht jede Gelegenheit nutzen würde, ausreichend Autos umzuwerfen, Magazine zu entleeren und mit der Kamera herumzufuchteln wie ein Bad Boy mit der Knarre. Der zweite Akt des Dramas gerät daher etwas priapistisch und repetitiv, allein Ewan McGregor erfreut bis zum Duell mit seinem bösen Doppelgänger in einer schottisch/amerikanischen Doppelrolle die zeigt, was Schwarzeneggers Klonfilm *The 6th Day* hätte werden können (und die deutsche Synchronisation wohl wieder vor Probleme stellt, die durch ignorieren gelöst werden). Der übriggebliebene der McGregors schließlich fährt als wütender Reklamator zur unterirdischen Konzernzentrale, während Lincolns gesamte Baureihe als Sicherheitsrisiko unter

Vorgaukelung eines Reihengewinns zur Massentötung geführt wird.

Man könnte vorbringen, *Die Insel* klaue inhaltlich und strukturell von *Matrix*, konzeptuell von der *Truman Show*, thematisch von *6th Day*, personell vom *Blade Runner*-Director's Cut und motivisch von *Logan's Run* (dt. *Flucht ins 23. Jahrhundert*) bzw. George Lucas' gutem alten *THX 1138*. Woran niemand sich groß stören sollte – außer den Leuten hinter dem geplanten Remake von *Logan's Run*. Man könnte auch treffender sagen, er ist das überfällige Missing Link zwischen Klon- bzw. Replikantenfilmen wie *Blade Runner*, *6th Day* oder gar *Multiplicity* und dem Trugbildwelt-Komplex um *Truman Show*, *Matrix*, *13th Floor*, *Dark City*, *The Village* etc. – und damit die Zusammenführung der Frage nach physischer Identität mit der nach dem objektiven Verblendungszusammenhang, gewürzt mit etwas Bonnie & Clyde gegen das Imperium. Tatsächlich ist *Die Insel* (Story: Caspian Tredwell-Owen) ein überraschend dichter und cleverer Genrefilm mit einem selbst für die Science Fiction hohen Allegoriepotenzial, das jedem der möchte ein dramatisches Argumentationsmodell bietet, sei er nun Gesellschafts-, Ideologie- oder Religionskritiker, Menschen-, Tier- oder auch Stammzellenrechtler. Selbst jene Nazikeule mit der Vergasung gefährlicher Population lässt man durchgehen, weil sie handlungslogisch passt, und ist umso erfrischter in Momenten wie jenem, da Lincolns Kumpel Jones (Ex-"Neelix" Ethan Phillips) während der täglichen Arbeit an den Versorgungsleitungen der tief unten heranreifenden Klonembryos die Frage aufwirft, wo diese Schläuche wohl hingehen mögen, woraufhin der Aufseher auf den linken und den rechten Rand seines Arbeitsbereichs zeigt und antwortet, von da nach da. Die Banalität des Bösen in einer Nussschale.

Natürlich kann man mäkeln, dass die Bezeichnung dieser Menschenkopien als Klone sich mit den Weihen einer kontroversen Debatte schmückt, die zumindest wissenschaftspoetisch in eine andere Richtung geht. Was nämlich in *6th Day* bzw. hier künstlich hergestellt wird, sind nicht etwa neugeborene Nachkommen mit identischem Erbgut, die im Laufe ihres Lebens eine eigene Biographie im "fremden" Körper ansammeln würden, sondern ausgewachsene instant-Organismen mit gefälschter Biographie, und damit Replikanten und keine Klone im engeren Sinne.

Das eigentlich Traurige aber ist, dass ein, nun ja, behutsamerer Regisseur als Michael Bay statt eines soliden Genrefilms mit Hirn möglicherweise den großen Ideenthriller, das antiideologische Befreiungsdrama hätte vollbringen können, das die Geschichte ohne weiteres bot. Da braucht es schon das eindrucksvolle Produktionsdesign (Nigel Phelps) der nüchtern hierarchischen Unterweltstadt oder einer ruinösen Bahnhofshalle mit gefallenem Engel in der Mitte, um der Inszenierung zusätzliche Dimension zu geben. Doch Bay interessiert sich nicht wirklich für den stufenweisen Erkenntnisschock, den seine Protagonisten eigentlich erleiden müssten – z.B. angesichts der Tatsache, dass ihr Dasein, weil es irgendwo anders bereits "richtig" existiert, jenseits des reinen Nutzwerts plötzlich als komplett überflüssig gilt –, oder für das existentielle Wagnis, eine Welt in Angriff zu nehmen, die eine ganz andere ist, als sie es ein vermeintliches Leben lang eingetrichtert bekommen haben. Stattdessen verwechselt Bay wie stets Drama mit Action und Action mit durch den Fleischwolf gedrehter Bewegung: Schnelles Geschehen, ebenso schnell in Bild und Schnitt in kleinste Teile zerhäckselt, generiert nun mal keine geschmeidige Rasanz, sondern stroboskopischen Stillstand. Man möchte weinen angesichts der Vorstellung, Spielberg z.B. hätte das Buch, wie zu lesen war, nicht fahrlässig an Bay weitergegeben, sondern selber gemacht, als Fortführung seiner mit *A.I.* und *Minority Report* so eindrucksvoll begonnenen Werkreihe "Spielberg feat. Kubrick". Mit Sicherheit wäre Substantielleres herausgekommen als kurzes Stirnrunzeln: Mönsch, die Welt wie ich sie kenne gibts ja gar nicht, na denn ma schnell weg hier!

Nur ein toter Nazi ist ein guter Nazi: *Inglourious Basterds* (2009)

Ein weites Land. Eine einsame Farm. Eine quietschende Tür. Lang wehende Mäntel. Dicke Lederstiefel. Doppelzüngiges Geplänkel, und eine gewitterartige Entladung von Geschossen. Vogelzirpen.

Seit Jahrzehnten – Hitler war grad noch am Leben – versucht das Kino, den Naziterror filmisch zu verarbeiten bzw. zum mahnenden Nachvollzug aufzubereiten, als Tragödie, als Komödie, als Filmessay, als Actionfilm, als Interview-Marathon, als Dokudrama. Über allem schwebten wohlgemeinte Intentionen, hier, über die Einfühlung die Spätgeborenen mit-leiden zu lassen, dort, über die Abstraktion das duselige Publikum zur Reflexion anzuhalten. Die beiden Pole wuchsen sich zum biblischen Konflikt aus, bis Moses und Aaron sich über die Feuilletons angifteten: Du sollst dir kein Bild machen, denn es verharmlost und vermenschlicht das Unmenschliche. Nein, du sollst den Menschen das Anschauliche geben, denn das Unsichtbare vernebelt die physische Grausamkeit. Schade nur für das Kino, denn es bestand schon immer als Resultante aus Bild und Ton (kein Stummfilm wurde stumm präsentiert), aus Gestalt und Gedanke, es war immer die Bewegung zweier Autos nicht weniger als die des Begriffs. Es ist, nun ja, ein goldenes Kalb mit Gesetzestafeln auf dem Arm.

Und, nicht zu vergessen, gelegentlich mit Knarre in der Hand. Plötzlich kommt Tarantino im Wortsinne angetrabt, steigt vom Pferd, spuckt einen kalten Zigarettenstengel aus und interpretiert die Nazizeit als Italowestern, als indianische Racheparabel, als *The Wild Bunch*. Den Genannten in keiner Weise nahetreten zu wollen, aber statt Resnais, Lanzmann, Spielberg, Ophüls nun Leone, Ford, Peckinpah als Hauptankläger gegen Hitler?

Gleich zu Anfang beehrt der SS-Oberst Hans Landa (Christoph Waltz in der Rolle seines Lebens) einen einsam lebenden französischen Bauern mit seiner Anwesenheit, zumindest würde er es so ausdrücken. Mit süßlichem Gerede entlockt er seinem Opfer, dass dieser unter dem Boden seines Hauses Juden versteckt. Auf einen Wink stürmen Landas Männer herein und ballern durch die Dielen nach unten. Fast die gesamte jüdische Familie stirbt, nur ein Mädchen kann fliehen und hetzt in Todesangst über die Felder.

Doch noch bevor man angesichts des brachialen, mit Morricone-Musik veredelten Intros den Kopf schütteln kann, denkt man, hm. Ein archaisches Land, fern aller göttlichen oder gar bürgerlichen Gesetze, in dem alles Recht vom Stärkeren ausgeht, das dieser zudem ganz nach seinem Gusto und ohne irgendwelche Skrupel in Anspruch nimmt. Der unzivilisierte Westen des Italowestern als Sehhilfe auf das folgende Drama im verwilderten Mitteleuropa der Nazis, in diesem Anfangsbild steckt schon mehr treffende Charakterisierung der Epoche als in manchem mit notdürftiger Leidenschaft aufgemotzten Verarbeitungsmelodram. (Und wenn man diese Sehhilfe umdreht, gewährt sie einen ebenfalls sehr erhellenden Blick auf die Substanz der US-amerikanischen Urzeit.)

Damit nicht genug: Ein paar Jahre später, in der Endphase des Krieges, ist eine jüdisch-amerikanische Spezialeinheit im Einsatz auf der Jagd nach Nazis. Einer von ihnen, der sogenannte Bärenjude (Eli Roth), ist dazu ausersehen, gefangenen Soldaten, die ihre Stellungen nicht preisgeben wollen, mit einem Baseballschläger den Kopf wegzuhauen. Der Chef der Einheit, Cpt. Aldo Raine (Brad Pitt), hat seiner Mannschaft von Anfang an eingebleut, ja nicht die Skalps der getöteten Nazis zu vergessen, und damit meint er in der Tat deren abgeschälte Kopfhaut. Schließlich befindet man sich poetisch auf indianischem Gebiet, und diese urtümliche Grausamkeit versucht nur einigermaßen, der instrumentellen Grausamkeit des Agressors etwas entgegenzusetzen.

Das anfangs geflohene jüdische Mädchen Shosanna (Mélanie Laurent) indes ist inzwischen Kinobesitzerin im besetzten Paris, und wie es das Gros der dort präsentierten Schmonzetten will, verliebt sich ein junger deutscher Kriegsheld (Daniel Brühl) in sie. Da nun just seine Heldengeschichte mit ihm in der Hauptrolle verfilmt wurde, hat er den perfekten Blumenstrauß in der Hand: Die Premiere des Films solle statt der ursprünglichen Lokation lieber in ihrem Kino stattfinden. Mit einigen Granden anwesend, Göring, Goebbels, Bormann, und sogar dem Führer persönlich.

Shosanna ist ernsthaft erfreut, aber aus anderen Gründen. Gemeinsam mit ihrem schwarzen Partner plant sie, einen Haufen Zelluloid zu entzünden und den vollbesetzten Saal in Flammen aufgehen zu lassen, denn das Zeug brannte lichterloh.

Auch den Alliierten ist diese Gelegenheit nicht entgangen, und eine parallele "Operation Kino" wird gestartet, mit Aldo Raines "Basterds" in tragender Rolle. Ich will nicht zuviel verraten, aber der Plan eines jeden Beteiligten geht auf: Die Geschichte... nein, eben nicht – der Film endet in einem flammenfrohen Geballer, bei dem alle hohen Nazis draufgehen. Am Ende zeigt Tarantino, dass das Kino doch etwas bewegen kann, und sei es einzig wenn man es anzündet.

Es fehlt nicht viel, dass einem diese knotige Kolportage, diese Nazi-Exploitation als letzter Tabubruch übel aufstoßen könnte. Doch dann schwebt darüber das alte Bonmot: Was darf Satire? Alles, solange es Satire ist! Tarantinos Film ist quasi schon eine Runde weiter als viele andere Versuche, die Nazigreuel zu veropern. Er hat keine Skrupel, den Vergeltungsphantasien, die in jedem rechtschaffenen Menschen schlummern sollten, ein goldenes Kalb zu schenken, und sei es nur ein Kalb. Und damit schafft er eine bisher ungesehene Resultante aus Abstraktion und Einfühlung.

Denn in seinem Bildersturm liegt gleichzeitig eine seltsame Bilderstürmerei. Indem am Ende völlig unzweideutig der wirkliche Verlauf der Historie negiert, verdeckt, ausgespart, das Drama von ihm abgelenkt wird, betreibt es die Selbstaufhebung dieser juvenilen Gewaltorgie als angemessene Bebilderung eines unter einem Bilderverbot liegenden realen Schreckens. Die historischen Ereignisse, die selber nicht in ihrer vollen Tragweite darstellbar sind, verschwinden in einem blinden Fleck – im Gegensatz zu den Reaktionen, die sie in den Nachkommen auslösen: Der Wunsch, bzw. die quasi körperliche Genugtuung, der ganzen versammelten Nazichose das braune Hirn wegzublasen.

Man muss vielleicht einfach Tarantino sein und von Haus aus den Anspruch mitbringen, im Kino einfach dem Kino zu geben, was auch des Kinos ist – und dafür mag, wie wir gesehen haben, ein Kino die beste Arena sein. Denn ob die Nazis nun wahnsinnige Sadisten oder banale Verwaltungsangestellte des Bösen waren, eins ist sicher: Sie haben niemals ein Pferd zu wenig, sondern immer zwei zuviel!

Mörderisches Spiel

USA 1999, OT: *Under Suspicion*, Regie: Stephen Hopkins.

Verhörduell zweier zerklüfteter Charaktere

San Juan in Puerto Rico. Zwei Mädchen wurden ermordet, und Henry Hearst (Gene Hackman), ein reicher Wohltäter, stolziert mitsamt äußerst präsentabler Gattin Chantal (Monica Bellucci) auf einen Empfang zu seinen Ehren. Da er aber eine der Leichen entdeckt hat, bittet ihn Police Captain Victor Benezet (Morgan Freeman) zwecks Klärung noch kurz ins Präsidium, und aus zehn Minuten werden mehrere Stunden. Benezet und sein verbissener Partner (Thomas Jane) setzen den Schraubstock an, Hearst verheddert sich kalt lächelnd in Ungenauigkeiten, und es erhärtet sich der Anfangsverdacht, dass Hearst nicht Zeuge, sondern Täter ist.

Das Kammerspiel, ein Remake von Claude Millers Klassiker "Das Verhör" (1981), lebt von den eindrucksvollen Antagonisten sowie jener zunehmend ambivalenten Chantal, die sich als Angelpunkt eines raffinierten Ringens aus blindem Ehrgeiz, Eitelkeiten und Leidenschaft entpuppt, worin am Ende selbst die vermeintlich klarste Rekonstruktion verschwimmt. Leider aber hat Genre-Neuling Hopkins (*Lost in Space* usw.) sich weniger auf dialogischen Spannungsaufbau als auf alberne Rückblenden und große Schauspieler verlassen, die das schon wuppen werden. Das tun sie zwar im Schlaf, aber ihr gemeinsames, hitzig gemeintes Drama bleibt oftmals etwas steril.

Fazit: Halbdröges Schein & Sein-Drama mit lohnenswerter Auflösung

Vatel

Frankreich 2000, Regie: Roland Joffé

Die wahre Geschichte des Meisterkochs François Vatel

1671. Sonnenkönig Ludwig XIV. (Julian Sands) hat sich mitsamt üppiger Entourage bei dem Provinzfürsten Prinz de

Condé (Julian Glover) herzlich eingeladen, weil er dessen militärisches Genie im geplanten Krieg gegen Holland benötigt. Die Ausrichtung der erwarteten Festlichkeiten mitsamt königlicher Verköstigung wird dem hiesigen Hofkoch Vatel (Dépardieu) übertragen. Der heranrauschende Hofstaat aber, mit seinen Ritualen, Rankünen und heimlichen Liebschaften, überwältigt Vatel derart, dass er sich vom großen Zeremonienmeister zum Sklaven seiner Kunst und deren Gönner degradiert fühlt und die Konsequenzen zieht.

Regisseur Joffé hat halb Europa aufgefahren, um diese barocke Passionsgeschichte opulent zu bebildern, mit exquisiten Schauspielern auch in Nebenrollen und Bildtableaus nach Art alter Meister. Zahlreiche Contes, Marquis' und Duchesses, geraffte Röcke, gezierte Rede und verschwiegene Küsse garantieren einen Augenschmaus über die intrigante Rückseite des höfischen Zeremoniells, der jedoch mit der Zeit übergewichtig wird und die Tragödie des Helden, der sich mit seinen Leidenschaften im Netz der Machtspielchen verfängt, etwas erdrückt. Tip: nicht mit Hunger kucken.

Fazit: Visuell gesättigter, aber etwas schwerfälliger Kostümschinken

Forrester – Gefunden!
USA 2000, OT: *Finding Forrester*, Regie: Gus Van Sant
Junges und altes Genie gegen den Rest der Welt
Jamal (Rob Brown), 16, ist ein typisches Ghettokind: Hauptberuflich spielt er meisterhaft Basketball und reißt pubertäre Sprüche. Heimlich aber verschlingt er die Weltliteratur, schreibt am Fließband Prosa und Gedichte und erzielt Testergebnisse, die seiner Ghettoschule neu sind. Aus Versehen gelangt ein Teil seines Werks in den Besitz des alten, gruselumrankten Sonderlings des Viertels (Sean Connery). Der entpuppt sich als William Forrester, eine Schriftstellerlegende, der – nach Erstlingserfolg und Pulitzerpreis – seit Jahrzehnten in völliger Zurückgezogenheit

dahinlebt. Beide finden sich toll und helfen einander, sich in der Menschenwelt (wieder) zurechtzufinden.

Vor drei Jahren erschien *Good Will Hunting* und räumte alles ab. Thema: Schwieriges Wunderkind findet schwierigen Mentor, Regie: Gus Van Sant. Das muss doch nochmal klappen, sagte der sich, und rührte mit demselben Löffel eine nun ungenießbare Soße aus überirdischem Allroundgenie und Salingerromantik zusammen, dazu eine Prise Klassen- und Rassenproblematik auf Kinderbuchniveau. Bei der Lobhudelei in USA muss es sich um eine Verwechslung handeln, denn selbst der wunderbar schrullige Connery reißt wenig raus.

Fazit: Lieber nochmal das Original *Good Will Hunting* kucken, der bot wenigstens Überraschungen.

Meine Frau, die Schauspielerin
F 2000, OT: *Ma femme est une actrice*, Regie: Yvan Attal
Mr. & Mrs. Gainsbourg – ein Schelm, wer Böses dabei denkt.

Der Schauspieler Yvan Attal inszeniert – mit seiner Frau Charlotte Gainsbourg und sich in den Hauptrollen – einen Film über den Sportreporter Yvan und dessen liebe Not, mit einer populären Schauspielerin namens Charlotte verheiratet zu sein. Ein Schelm, wer Autobiographisches dabei denkt – zumal Attal mit seinen Figuren nicht immer schmeichelhaft umgeht. Den Protagonisten schildert er als bis zum Kinnhaken reizbaren Hibbel, der, von wohlmeinenden Bekannten zur Wachsamkeit gedrängt, vor Eifersucht qualmend seiner Frau zu Dreharbeiten nachreist, um sie vom berüchtigten Charme ihres Partners (Terence Stamp) abzuschirmen. Diese ist davon so genervt, dass sie sich trotzig zu einer Affäre hinreißen lässt.

Man sollte den Eheleuten den Gefallen tun, den Film nicht als fotorealistische Home story, sondern als das zu nehmen, was auf der Leinwand erscheint: eine intelligente und witzig gespielte Komödie über ein ganz normales Paar, das

Probleme bekommt, weil alle meinen, dass es welche haben müsste.

Fazit: Raffinierte Satire über den Alltag mit Filmbiz und Starkult

Sumo Bruno

D 2000, Regie: Lenart Fritz Krawinkel.

Dicker Loser bekommt bei einer Sumo-WM in Sachsen seine große Chance.

Eigentlich wollte Bruno an seinem 30. Geburtstag mit Freund Kalle gemütlich Video kucken. Der aber schleppt ihn zum Test für die WM. Bruno ist zuerst wenig angetan, freundet sich aber kurz darauf mit einem Jungen an, der ebenso unter Leibesfülle zu leiden hat. Angezogen vom einzigen Bereich, in dem Fettleibigkeit zum Schönheitsideal gehört – sowie nicht zuletzt von der bezaubernden Mutter des Jungen –, wirft sich Bruno ins Training.

Ein sozialrealistischer Film in britischer Tradition sollte es sein, mit Provinzbrache, Arbeiterklasse und der Poesie des kleinen Glücks. Und er ist z.T. nah dran, mit gelungenen Szenen zwischen winterlicher Verlorenheit und dickem Stolz, mit der staksigen Melancholie des überraschenden Hakan Orbeyi, und überhaupt mit dem absurden Schmelz der Geschichte, die wirklich stattgefunden und Sachsen einen Sumoweltmeister beschert haben soll.

Doch statt, wie eben auf der Insel, die Erzählstruktur der poetischen Substanz des Dramas anzupassen, stopft man hierzulande die schönsten Ideen in die alten rostigen Erzählmaschinen. So muss man nach jedem gelungenen Augenblick warten, bis der vorhersehbare Pflichtlauf aus schöner Frau, bösem Exfreund, Zweifel, Zerwürfnis und Gewinn ein Stück weiter abgespult ist. Außerdem: In einer sächsischen Provinz, in der niemand sächselt, kann etwas nicht stimmen.

Fazit: Ein Drittel der Szenen zeigt: Und das wäre Ihr Preis gewesen.

Heartbreakers – Achtung: scharfe Kurven
USA 2001, Regie: David Mirkin
Zwei Heiratsschwindlerinnen bei der Arbeit
Mutter Max (Sigourney Weaver) und Tochter Page (Jennifer Love Hewitt) haben einen Familienbetrieb: Eine heiratet wohlhabend, die andere lässt sich mit dem neuen Schwiegermann erwischen, und schwupp sind beide um eine ansehnliche Abfindung reicher. Nach einem Coup mit Dean (Ray Liotta) will Page aussteigen, aber die Mama überredet sie zu einem letzten Fischzug im Reichenghetto Palm Beach. Der kauzige Milliardär Tensy (Gene Hackman) soll ihr Goldesel sein. Doch kurz vor dem Antrag an Max ereilt es ihn, und übrig bleibt Plan B: Töchterchens Glück mit einem Millionenerben (Jason Lee). Doch gegen alle Regeln der Kunst verliebt sich Page in ihr Opfer.

Man mag dem Film seichte Harmlosigkeit ankreiden, doch ist er nicht weniger als eine so routinierte wie exzellente Etüde im Handwerk des puren selbstgenügsamen Komödienschreibens: mit Dialogwitz und Slapstick ohne albern zu werden, einer Story, die sich schnörkellos in Absurditäten schraubt und dazu drei gestandenen Schauspielern in einer Spiellaune, der keine sinnfreie Eskapade zu blöd ist. Leider gebietet die Routine auch, dass am Ende alle gut sind, und so schmiert der Film auf der Zielgeraden ab.
Fazit: Perfekte Fließbandkomödie ohne Hintergedanken. Was dagegen?

Heist – Der letzte Coup
USA 2001, Buch & Regie: David Mamet
Alternder Gaunerkönig vor letzter Herausforderung
Joe Moore (Gene Hackman) hält es für an der Zeit, sich mit seiner jungen Frau Fran (Rebecca Pidgeon) auf seiner edlen Jacht zur Ruhe zu setzen. Mit seinen Partnern Bobby (Delroy Lindo) und Pinky (Ricky Jay) plant er dafür den letzten Job, denn wenn man wie Joe von Beruf Dieb ist, muss man sich um die Altersversorgung selber kümmern. Doch nach einem

Missgeschick – Joe lässt sich ohne Maske von einer Überwachungskamera filmen – kann ihn sein Auftraggeber Bergman (Danny DeVito) dazu erpressen, in einem finalen Geniestreich Schweizer Staatsgold aus einem strengbewachten Flugzeug zu klauen. Zu aller Verdruss schickt Bergman den dreien seinen Neffen Jimmy (Sam Rockwell) als Lehrling und gleichzeitigen Aufpasser mit, und am Ende haben mehrere Schätze ihren Besitzer gewechselt sowie alle Beteiligten sich gegenseitig ausgetrickst.

Ein typischer Mamet-Film mit gezwirbelten Dialogen und einer kunstvoll ziselierten Handlung, die bis zum Ende mit cleveren Wendungen auftrumpft. Doch wie zuletzt (*The Spanish Prisoner*) duldet diese auf den Punkt konstruierte Dramaturgie wenig neben sich, sodass es schon schauspielerische Energiebündel wie Hackman und DeVito braucht, um der spartanischen Inszenierung Leben einzuhauchen. Aber man kann nicht alles haben.

Fazit: Ein etwas blutleeres, aber mit Witz ausgeklügeltes Gaunerstückchen

Knockaround Guys

USA 2001, Regie: Brian Koppelman & David Levien
Mafiosi der jungen Generation wollen ran.
Matty Demaret (Barry Pepper) wird von keiner Firma angestellt sobald herauskommt, dass er der Sohn des berüchtigten Brooklyner Mafiabosses Bernie Chains (Dennis Hopper) ist. Also fügt er sich seinem Schicksal und möchte bei seinem Vater und dessen altem Kompagnon Teddy Deserve (John Malkovich) einsteigen. Die halten ihn jedoch für einen Versager, genau wie den ganzen Mafianachwuchs. Um sich und seine Kumpels zu beweisen, bewirbt er sich trotzig um einen Routineauftrag. Der läuft natürlich schief, und bei dem Versuch, zu retten was zu retten ist, finden Matty und die Jungs sich im Kreuzfeuer zwischen rabiaten Provinzlern, korrupten Polizisten und Teddy mit seinen Schergen wieder.

Die beiden Regiedebütanten, die auch das Drehbuch schrieben, zimmerten mit ihren durchweg nachfolgewürdigen Jungschauspielern einen soliden B-Genrefilm, der trotz der alten, routiniert auftretenden Recken Hopper und Malkovich sich nicht zum melodramatischen Großfilm aufgeplustert hat. Angenehm. So entstand die prosaische Geschichte einer einst ehrwürdigen Mafiagesellschaft, die im Allzumenschlichen angekommen ist: An der Schwelle zur Satire beschreibt sie den Generationenwechsel von der mythischen großen Zeit des Paten zu den kuriosen Alltagsnöten der Sopranos.

Fazit: Kleine feine Mafiageschichte mit Herz- und auch viel Venenblut

High Crimes
USA 2002, Regie: Carl Franklin
Militärthriller um Schein und Sein
Die aufstrebende Anwältin Claire Kubik (Ashley Judd) fällt aus allen Wolken, als ihr Mann Tom (Jim Caviezel) von Militärs verhaftet wird. Auf einmal soll er ganz anders heißen und vor zehn Jahren als Soldat in El Salvador ein Massaker an Dorfbewohnern befehligt haben. Obwohl in ihrem Vertrauen erschüttert, übernimmt Claire die Verteidigung, und um als Zivilistin in der Männerbündelei typischer Militärtribunale bestehen zu können, holt sie sich als Beistand Charlie Grimes (Morgan Freeman) dazu, einen zufrieden verlotternden Alkoholiker und Exmilitäranwalt, der mit seinem alten Verein noch einige Rechnungen offen hat.

Der Film kann zwar schlaue Wendungen, erfreuliche Hauptfiguren sowie die Erinnerung an einen vergessenen Krieg aufbieten, aber nicht groß über das Genremaß hinaus fesseln. In diesem Rahmen allerdings gibt es einige juristische Feinheiten versch(r)obener Kategorien von militärischer Schuld und Verantwortung zu bewundern.

Fazit: Mäßig spannender, doch nicht unraffinierter Genrefilm

All Or Nothing

GB/F 2002, Regie: Mike Leigh.

Phil (Timothy Spall) ist Taxifahrer, seine Frau Penny (Lesley Manville) Supermarktkassiererin, Tochter Rachel ein verschüchtertes Ladenmädchen und Sohn Rory ein renitenter Fettsack, und alle leben sie in einer Vorstadtsiedlung aus Beton. Dazu ein paar Berufs- und Leidensgenossen in den umliegenden Etagenwohnlöchern – mehr braucht es nicht, um einen dramatischen Ausschnitt aus dem Epos des Lebens in Gang zu setzen, mit Witz und Charme, erkalteter Liebe, Erniedrigungen, Schulden und einem Herzinfarkt, voll tiefer Melancholie und unzertretbarer Zuversicht. Ein Kunstfilm ohne Kunscht: inszeniert in der bei Leigh – dem Anti-Kieslowski – gewohnten Atmosphäre nüchterner Wahrhaftigkeit, jener feinen Balance von satirischer Denunziation und einer Zuneigung, die niemanden emotional fallen lässt, so abstoßend er anfangs wirken mag. Kurz: ein Meisterwerk eines Regisseurs, der offenbar nur Meisterwerke drehen kann.

Fazit: Großartiges Working-class-Panorama auf Augenhöhe

Antwone Fisher Story

USA 2002, Regie: Denzel Washington

Der Marinesoldat Antwone Fisher (Derek Luke) tickt regelmäßig aus, wenn seine Kollegen ihn necken, und verprügelt wen er greifen kann. So landet er auf der Sitzcouch des Marinepsychiaters Jerome Davenport (Denzel Washington), der Antwone durch Tricks wie insistierendes Schweigen dazu bringt, sich mit seiner Heimatlosigkeit als gequältes Pflegekind auseinanderzusetzen. Mithilfe Davenports, der sich seiner als eine Art Ziehsohn annimmt, und Antwones natürlich umwerfend schöner ersten (!) Eroberung Cheryl (Joy Bryant) macht er sich auf die Suche nach seiner unbekannten Familie.

Das American Film Institute kürte Washingtons sicherlich gekonnt inszeniertes und gespieltes Regiedebüt zu den zehn besten Filmen des Jahres. Fraglich ist allerdings, wer sich für die vorhersehbare, zuweilen trantütige und zu guter letzt truthahnselige Verfilmung eines wahre-Geschichte-Bestsellers interessieren soll – außer vielleicht Antwone Fisher selbst und seiner neuen Großfamilie.

Fazit: Gediegener Weihnachtsfilm ohne Weihnachtsmann

Narc

USA 2002, Regie: Joe Carnahan

Nach einer schießwütigen Verhaftung, bei dem eine Schwangere ihr Kind verlor, wurde der Undercover-Drogenfahnder Nick Tellis (Jason Patric) vom Dienst suspendiert. Einige Monate später bekommt Tellis eine zweite Chance: Seine Einblicke und Kontakte aus über zwei Jahren in der Dealerszene sollen das Dunkel um die Mörder eines Undercover-Kollegen aufklaren helfen. Mit dem cholerischen Detective Henry Oak (Ray Liotta) als Partner, einem rachsüchtigen Freund des Opfers, steigt Tellis hinab ins alte Herz der Finsternis – nur um am Ziel in widerstreitenden Bildern von Tathergang und Schuld sich beinahe zu verheddern.

Narc bietet alles, was ein guter B-Thriller braucht: eine so schnörkellose wie raffinierte Geschichte, intensive Darsteller ohne eitlen Seitenblick ins Publikum, eine Portion Sozialrealismus sowie eine stringente Erzählökonomie aus Drama, Tempo und Pistolen. Aber eben auch: über weite Strecken unaufregende Bilder und Musik aus der Heimorgel.

Fazit: Spannender Charakterthriller, wirkt leider etwas home-made.

Long Walk Home

Australien 2002, OT: *Rabbit-Proof Fence*, Regie: Phillip Noyce.

Australien 1931: Als Chief Protector of Aborigines sieht A.O. Neville (Kenneth Branagh) es als seine Mission an, "Mischlingskinder" aus ihren Familien zu entfernen und in

Heimen unterzubringen, um vollblütige Angelsachsen aus ihnen zu züchten. Am anderen Ende dieses Menschenbildes rangieren die 14-jährige Molly (Everlyn Sampi), ihre Schwester Daisy (Tianna Sansbury) und Cousine Gracie (Laura Monaghan), die brutal aus ihrem Heimatdorf in ein weit entferntes Heim verschleppt werden. Angestachelt von dessen rigider Erziehungsdiktatur reißt Molly mit den beiden Mädchen aus: immer den enormen Kaninchenzaun entlang, der den Kontinent durchzieht und sie direkt nach Hause führte – wenn er keine Verzweigung hätte...

Einfaches, klar vorgezeichnetes Drama mit Kenneth Branagh, der Nevilles wissenschaftlichen Rassismus als verqueren Humanismus darzustellen vermag, und mit der jungen Everlyn Sampi, die in ihrer verletzten Souveränität und störrischen Würde eine ungeheure Leinwandpräsenz ausstrahlt.

Fazit: Eindringliche Auf-der-Flucht-Story nach einer wahren Begebenheit

Bad Company

USA 2002, Regie: Joel Schumacher

Prag: Die CIA-Agenten Gaylord Oakes (Anthony Hopkins) und Kevin Pope (Chris Rock) stehen kurz davor, einen aufwendig fingierten Atombombendeal über die Bühne zu kriegen, als Pope von einem ostmafiösen Mitbieter erschossen wird. Weil die Agenten verdeckt operieren, muss schnell und unbemerkt Ersatz her. Da trifft es sich gut, dass Popes bei Geburt getrennter Zwillingsbruder auftaucht: Jake Hayes, ein abgebrannter Kleingauner und schnodderiger Jar Jar Binks-Verschnitt, der nun in die Rolle des Gentleman-Bruders schlüpfen muss.

Das Kalkül, zwei Genrestückchen zu verrühren, um doppelten Spaß zu produzieren, geht einmal mehr nach hinten los – abgesehen davon, dass der chaotische Doppelgänger eine sehr ausgelutschte Krücke für Komik ist. Zwei B-Filme zusammen ergeben nun mal keinen A-Film, sondern nur einen aufgeblasenen B-Film. Einzig ein sichtlich gelangweilter Anthony Hopkins und der Score von Trevor Rabin verbreiten etwas A-Glamour.

Fazit: Genre-Bastard nach dem Motto: Geteilte Freude ist halbe Freude.

Carolina

USA/D 2002, Regie: Marleen Gorris.

Los Angeles: Die TV-Angestellte Carolina Mirabeau (Julia Stiles) sucht das Glück zwischen Job und zwei Männern, ihre lebenslustige Althippie-Oma (Shirley MacLaine), ihr Loser-Vater (Randy Quaid) sowie die leicht angeschrägten jüngeren Schwestern (Azura Skye, Mika Boreem) entnerven sie dabei mit Freud und Leid.

Hämische Verrisse sind nicht schön, daher die nackten Fakten: Diese herzige Parabel über das den-Wald-des-Glücks-vor-lauter-Bäumen-nicht-Sehen muss autobiographisch sein, denn kein Autor mit einem Funken Selbstachtung würde sich diese Soße aus Lehrbuchklischees und verkrampft kalkulierter Verschrobenheit extra ausdenken. Für Shirley MacLaine werden die Schmocks das Etikett "herrlich verrückt" aus der Platitüdenkiste kramen; im übrigen sieht ihr Gesicht langsam so erbärmlich festgezurrt aus wie einst die Mutter in *Brazil*. Respekt vor der Lebensarbeitszeit von Filmmachern hin oder her, manchmal bleibt solch banalen Gurken nur der Gnadenschuss.

Fazit: Fußnägelkräuselnd uninspiriertes Familienportrait mit Schmunzelzwang

Coffee & Cigarettes

USA '86-'03, Regie: Jim Jarmusch

1986 wurde Jim Jarmusch von "Saturday Night Live" beauftragt, einen Kurzfilm zu drehen. Heraus kam "Strange to Meet You", worin Roberto Benigni und Steve Wright bei Kaffee und Zigaretten wunderbar verschroben aneinander vorbeireden. In den folgenden Jahren kam immer mal ein

Kurzfilm dazu, stets schwarzweiß und in einem formal sparsamen Korsett: In selten mehr als vier verschiedenen Ansichten – Halbtotale, Schuss/Gegenschuss und Aufsicht auf den Tisch – sitzen zwei bis drei halbwegs schräge Vögel in einem Lokal und palavern über das Leben, speziell ihr eigenes, und möglicherweise darin enthaltene Schrullen. So entstanden elf teils amüsierliche, teils haarsträubend gut getroffene Preziosen wie "Somewhere in California" (mit Iggy Pop und Tom Waits), "Cousins?" (mit Alfred Molina und Steve Coogan) oder "Cousins" (mit einer doppelten Cate Blanchett), und abgesehen davon, dass alle sich irgendwie um Kaffee und Zigaretten drehen, sind sie vor allem Beispiele der verschiedensten Arten gründlich missglückender Kommunikation. Und nicht zuletzt Abschiedslieder einer verlorenen Ära der Kultur: Mittlerweile ist selbst in New Yorker Lokalen das Rauchen verboten.

Fazit: Elferpack mit typisch lakonischen Jarmusch-Häppchen

Geständnisse – Confessions of a Dangerous Mind
USA 2002, Regie: George Clooney

Chuck Barris (Sam Rockwell) ist in den USA eine Pop-Legende. Mit u.a. der "Gong Show" erfand er den Eros öffentlicher Demütigung – und galt prompt als Volksverdummer. Sein raketenhafter Erfolg bei der Weiblichkeit sowie in der Fernsehhierarchie wiesen ihm den Weg zum Pop-Olymp: niemals zu unterschätzen, was alles gelingen kann. Soweit die A-Seite seiner Lebensgeschichte, die zusammen mit der B-Seite so absurd wird, wie nur das Leben selber eine schreiben kann. Barris' Kaltschnäuzigkeit fällt auch der CIA auf, die einen ihrer Hutmänner (George Clooney) ansetzt, den Star als Killer anzuwerben: Fortan sind es nicht nur arme Kandidaten, die der Showmaster erledigt.

Chuck Barris' Motto gilt ähnlich für Debütregisseur George Clooney, der sich einfach ein Drehbuch des so angesagten wie raffinierten Charlie Kaufman (*Adaption*) besorgte, statt mit irgendeiner gelackten Komödie all jene zu bestätigen, die vom berühmtesten Knackarsch der Welt nur sein filmisches Äquivalent erwarteten. Doch mit der Nonchalance seines Helden ignorierte Clooney die Fallhöhe und inszenierte mit einem bemerkenswerten Sinn für Timing, Witz und Suspense diese Tour de Farce ins groteske Herz des Kalten Krieges. Quasi nebenbei verschaffte er Sam Rockwell die (berlinalegekrönte) Rolle seines Lebens, sowie Julia Roberts als zwielichtigem Todesengel und sich selber als sinistrem Führungsoffizier die skurrilsten Nebenrollen, die sie jemals spielen werden.

Fazit: Man muss wohl Star sein, um den Starkult zerlegen zu dürfen.

Der Mann ohne Vergangenheit
Finnland 2002, OT: *Mies vailla menneisyyttä*, Regie: Aki Kaurismäki.

Ein Mann (Markku Peltola) erwacht an der Westküste Helsinkis – ohne Erinnerung und mit blutigem Kopfverband. Bewohner der naheliegenden Containersiedlung nehmen ihn freundlich auf, und fortan fristet er das Dasein seiner neuen Familie, akzeptiert ihr karges Leben zwischen Miniatur-Schrebergarten, Schrottplatz und Heilsarmee als sein eigenes. Das Aufblühen der Gemeinde durch sein Engagement sowie speziell der Heilsarmistin Irma (Kati Outinen) durch seine Zuwendung machen sein kleines Glück komplett, doch am Ende fordert sein altes Leben ihn zurück.

Kaurismäkis erster Italowestern – mit Einsamkeit, dunkler Vergangenheit, Existenzkampf, Bankraub und dem Mann ohne Namen – glänzt einmal mehr mit lakonischer Melancholie und verzweifelter Zuversicht, krankt aber noch immer an der fast brechtischen distanzierenden Künstlichkeit der Inszenierung. Trotzdem: kleines Juwel von einem, der stets das Gleiche, aber nie dasselbe macht.

Fazit: Melancholische Farce aus dem Wilden Westen der New Economy

Das Meer in mir
Spanien 2004, OT: *Mar adentro*, Regie: Alejandro Amenábar
Seit einem verunglückten Sprung ins Meer vor 27 Jahren ist
Ramòn (Javier Bardem) ans Bett gefesselt: Sein Körper, vom
Hals abwärts gelähmt, hängt nur noch bewegungslos am umso
agileren Kopf. Ebenso lange träumt er von einem letzten
befreienden Sprung – ins einzige Land, das er noch entdecken
kann.

Der Streit um das Recht, sein Dasein mit Würde zu
beenden, wird zu Javiers letzter Lebensaufgabe. Regie-
wunderkind Amenábars (*Abre los ojos*, *The Others*) Plädoyer
für ein selbstbestimmtes Leben und Sterben hat Herz und
Witz, lahmt jedoch etwas – Krankenschicksal plus ironische
Gelassenheit plus wahre Geschichte – an der eingebauten
Gutfindautomatik. Und wenn der arme Mann nun weniger
liebenswert wäre?
Fazit: Anrührendes Portrait verlorener Menschenwürde – mit
Sympathiezwang

Esmas Geheimnis
OT: *Grbavica*, Bosn.-Herz./Kroatien/A/D 2005, Regie:
Jasmila Zbanic
Sarajevo nach dem Regen
Die pubertierende Sara hat nur Jungs und Fußball im Kopf.
Aber es war Krieg, und ihr Vater, den sie nie gesehen hat,
wird vermisst: für die Familie soziales Stigma und nationale
Ehre zugleich. Die gestresste Mutter Esma versucht alles, den
finanziellen Makel wettzumachen, und muss dabei ein
traumatisches Geheimnis offenbaren. Berlinalegewinner, der
leider keinerlei politisches Risiko eingehen mag.
Fazit: erst witzig-anrührende Nachkriegsdramödie, dann
braver Opferkitsch.

Gib mich die Kirsche!
Deutschland 1996-2006, Regie: Oliver Gieth, Peter Hüls
Du bist Fußball!
Beckenbauer als Knorrliebhaber, Seeler als braver Handlungsreisender, die Torlinie von Wembley, Profifußball und Bekleidungskosten, das EEG eines Fußballfans, enthemmte Amateurspieler, Müller-Lüdenscheid und Dr. Klöbner beim Bier danach: Über Jahre haben die Autoren Material speziell der 60er und 70er über der Deutschen liebstes Spielzeug gesichtet. Doch heraus kam weniger ein Fußballfilm als die realsatirische Revue eines National-charakters, dessen ruppig-hölzerne Piefigkeit am wehesten tut, wenn Herz und Spaß im Spiel sein sollten – Loriot pur. Hauptsache ist, dass der Engländer verloren hat!
Fazit: Vergnügliche Collage aus den Tiefen der Nation: Deutschland is coming home!

Interview: **Ennio Morricone** (1993)
(zus. mit Jan Lackner)

F: Maestro, von wem sind Sie als Komponist beeinflusst
worden?

M: Die musikalischen Einflüsse, die ich – unbewusst wie auch
aus Liebe – erfahren habe, kommen von älteren Komponisten.
Unter den Italienern sind Monteverdi und Palestrina sehr
wichtig, auch Frescobaldi. Von den Nichtitalienern ist Bach
sehr bedeutend, sogar fundamental, dann Stravinskij,
Stockhausen, Nono, Boulez. Aber hier handelt es sich nur um
Prozentsätze, denn ich glaube ich habe alle möglichen
Einflüsse assimiliert und dann mit meiner Persönlichkeit auf
sie reagiert. Überhaupt denke ich, dass jeder Komponist von
allen Komponisten der Musikgeschichte beeinflusst wird. Ein
Komponist, überhaupt jeder Kunstschaffende, nicht nur der
Komponist eines musikalischen Werkes, hat in dem Moment,
worin er als solcher geboren wird, seinen Augenblick in
welchem er die Summe zieht. Kein Kunstschaffender ist
verpflichtet, sein Material zu erfinden. Die Musik ist nichts,
was man heute erfinden muss, sie ist schon erfunden. Auch die
Malerei ist schon längst erfunden. Daher besitzt der
Kunstschaffende, jeder, der sich künstlerisch betätigt, als
Erfahrung schon die Summe all dessen, was bis zu dem
Moment seiner Geburt geschaffen wurde. So hat er das Recht,
nicht nur die Pflicht, dies alles zur Kenntnis zu nehmen, weil
wir kennen müssen, was in der Zeit bis zu diesem Moment
passiert ist. Das ist aber nichts, was wir spaßhaft oder nur zur
Belustigung machen sollten. Wir dürfen und können einfach
nicht das Vergangene zerschlagen und sagen, wir machen jetzt
etwas, was die Tradition überhaupt nicht beachtet. Umbildung
und Emanzipation werden eintreten, aber sie kommen Stück
für Stück, gradweise. Wenn ein Komponist wirklich
schöpferisch arbeitet, hat er alles ihm Erreichbare aus der
Vergangenheit entnommen und kann seine Entwicklung nun

in eine Zukunft tragen, von der niemand weiß, wie sie aussieht.

F: Was haben Sie von der Neuen Musik gelernt?

M: Ich habe *alles* von der Neuen Musik gelernt, ich komme direkt von der Neuen Musik, auch wenn die Leute das nicht wissen. Die Kritiker nicht, überhaupt diejenigen, die mein Werk kennen. Mein erster Beruf als Komponist ist, Konzertmusik zu schreiben. Später habe ich diese Tätigkeit geändert, oder korrigiert, und angefangen, Filmmusik zu schreiben und zu arrangieren, aber der Anfang liegt klar beim ersteren, dieser frühe Einfluss auf mich ist durchgreifend. Andere Einflüsse in meiner künstlerischen Bewusstwerdung kamen u.a. aus der populären Musik, Rock, Pop. Ich denke ich bin das Resultat all dieser Elemente, auf die ich sehr persönlich reagiert habe.

F: Gibt es bestimmte Sachen, die Sie speziell Leuten wie Nono, Boulez, Stockhausen verdanken?

M: Nicht die handwerkliche Technik des Schreibens, vor allem den Geist habe ich von der kontemporären Musik übernommen. Mir gefallen Stockhausen, Boulez, Nono und andere, natürlich auch Cage, aber die Beeinflussung ist nicht so direkt, eher schwingt sie in der Luft mit. Ich will sagen, wer heute lebt, kann nichts anderes als das Resultat dessen sein, was bis heute stattgefunden hat. Wenn ich vor einem Jahrhundert geboren wäre, hätte ich das zur Kenntnis genommen, was bis vor einem Jahrhundert geschehen war. Was ich Ihnen als meine Einflüsse angegeben habe, würde ich vielleicht lieber Vorlieben oder Vorbilder nennen. Zu denen natürlich auch mein Lehrer Goffredo Petrassi gehört, der meiner Meinung nach einer der wichtigsten heutigen Komponisten ist, nicht nur für die italienische Musik, auch weltweit. Er hat mir etwas sehr Wichtiges beigebracht: die

Kohärenz des Stils und die Moralität einer Partitur, den moralischen Wert einer Komposition.

F: Schaffen Sie es, Avantgarde und Filmmusik zu vereinigen?

M: Mit Sicherheit. Es ist nicht immer möglich, aber in einigen Fällen schon. In dem Film an dem ich jetzt arbeite, *In the Line of Fire*, gibt es solche Momente, gewisse dynamische und dramatische Stücke, wo die kontemporäre Musik präsent ist, die ich für Konzerte schreiben würde. Andererseits ist sie auch in einer moderateren Form vorhanden, in dem Sinne dass wenn ich unter eine bestimmte dynamische Szene einen Rhythmus lege, der vom Rock stammt, er den Leuten zu verstehen hilft. Wenn ich diesen perkussiven Rhythmus wegnähme, würden die Leute viel befremdeter und benommener reagieren, sie hätten nicht mehr dieses metrische Geländer, dieses physische Faktum, diesen Herzschlag im Laufen, im Rennen, in der ganzen Aktion. Ohne dieses metrische Geländer im Inneren fühlte man sich wie auf einem Wolkenkratzer von dem man nach unten auf die Straße sieht, man würde das Gleichgewicht verlieren. Der Gebrauch der modernen Musik, die ich für eine konzertante Aufführung schreiben würde, ist in diesem Film auch insofern akzeptabel, als die Leute diesen metrischen Halt bekommen, der im Rock seinen Ursprung hat; oder letztlich sogar in der afrikanischen Musik.

F: Welchen Effekt hat in diesem Film die Atonalität?

M: Es gibt hier zwar Dissonanzen, auch die Zwölftontechnik habe ich angewandt, aber beides nicht in absoluter Weise. Genauer: Bestimmte Musikstücke des Films sind in A-Dur und A-Moll. Daher wollte ich auch in den dissonanten Stücken eine Polarität, eine Anziehung zum A. In dieser Atonalität, in diesem Gebrauch der zwölf Töne ist auch die Anziehung zum Ton A den Leuten eine Hilfe, sich zurechtzufinden. Darüber hinaus korrespondiert sie auch mit der Tonalität der tonalen Stücke, wie Franks Thema oder Lily und Franks Thema, das eine in A-Moll, das andere in A-Dur.

F: Wenn Sie die Musik für einen Film schreiben, womit fangen Sie an?

M: Ich spreche mit dem Regisseur, oder ich lese das Drehbuch, oder ich sehe den Film. Und dann denke ich nach. Manchmal sind diese Reflexionen sehr lang, hin und wieder aber auch sehr kurz. Die Intuition kann auch sofort kommen. Danach diskutiert man die Ideen mit dem Regisseur.

F: Die erste Aktion aber ist die Reflexion, nicht die Improvisation am Klavier?

M: Nein, nie Improvisation, am Anfang steht immer die Überlegung.

F: Wenn die Komposition dann heranwächst, tut sie das am Schreibtisch oder am Klavier?

M: Ich arbeite nur am Schreibtisch, am Klavier kontrolliere ich höchstens, und das selten. Meiner Meinung nach geht das gar nicht anders, ein Komponist muss am Schreibtisch arbeiten.

F: Wie z.B. ist der berühmte Pfiff aus *Zwei glorreiche Halunken* entstanden?

M: Das nun wieder war eine besondere Idee, in jenem Film wollte ich verschiedene Tierlaute wiedergeben. Dieses Thema entstammt dem Geheul eines Koyoten: aaiaaiaaaaaaaaaa.

F: Was waren Ihre ersten Gedanken bei der Arbeit an *In the Line of Fire*?

M: Ich hatte schon die Geschichte gelesen und mir einige Sachen überlegt; aber nur die Geschichte zu lesen reicht nicht. Man muss auch den Film sehen, besonders wenn man mit einem Regisseur das erste Mal arbeitet. Als ich den Film sah, wurde mir alles viel klarer, und die Themen habe ich dann mit einer gewissen Leichtigkeit geschrieben. Ich habe es Wolfgang dann vorgespielt, wir haben es diskutiert, ich habe ihm erklärt, wie ich mir so einige Sachen gedacht hatte, welche Instrumente und so. Wir waren uns einig.

F: Als Sie Clint Eastwood in der Vorbereitung das erste Mal auf dem Bildschirm gesehen haben, welche Musik haben Sie gehört?

M: Ich habe die Musik gar nicht für Clint Eastwood geschrieben, sondern für Frank. Ich habe sie geschrieben für die Figur und für die Atmosphäre des Films, für seine Traurigkeit, seine Einsamkeit. Für viele besondere Momente, wie den Tod seines jungen Freundes. Franks Thema hat mehrere Facetten und Charakterisierungen, die epische und die sentimentale, die traurige und die dramatische, diejenige der Erinnerungen. Franks Thema sollte gleichgewichtig sein, mit der Möglichkeit einer sehr variablen Instrumentation. Die Trompeten beispielsweise repräsentieren die Idee des großen amerikanischen Vaterlandes, die große Epizität Amerikas, ohne besonders auf diese Idee hinzutreiben; es sind die kleinen Momente, die kleinen Augenblicke in diesem amerikanischen Patriotismus, dieser Begeisterung für das Land wie für den Präsidenten.

F: Wie ist Learys Thema entstanden?

M: Learys Thema sollte ein dramatisches sein, ein Thema voller Erschütterung im Sinne von traumatisch und schwebend. So habe ich ein Thema mit wenigen Tönen gewählt, auch weil diese wenigen Töne fast immer unter dem Dialog wiederholt werden sollten, unter dem Fernglas, am Telefon. Dann sollte es einige fast fremd klingende Töne enthalten, auch Teile aus Franks Thema. Learys Thema ist das am meisten benutzte des Films. Aus diesem Grund konnte es nur aus wenigen Noten bestehen, es musste sofort erkennbar sein.

F: Mir scheint es, dass Sie in den Szenen der Telefongespräche zwischen Frank und Leary mehr Dissonanzen benutzt haben.

M: Das ist richtig, diese Telefongespräche sollten eine größtmögliche Spannung enthalten. Es gibt da äußerst dramatische Telefonate, in denen Leary sehr agressiv auftritt; es musste eine höchste Spannung aufrechterhalten werden, ohne den Dialog zu stören, der oftmals sehr leise ist.

F: Es ist daher auch eine Dissonanz zwischen zwei Personen.

M: Natürlich, die Dissonanz in der Persönlichkeit Learys, und die Dissonanz seiner Konfrontation mit Frank.

F: Sind sie immer noch nervös während der Aufnahmen?

M: Ich bin immer noch sehr nervös. Ich muss immer in künstlerischer Weise auf den Regisseur reagieren, muss mich auf das Orchester einstellen, auf den Toningenieur, auf das Budget des Produzenten, in dem Sinne dass ich mit dem Orchester manchmal länger arbeiten müsste als Zeit ist. Vor allem muss ich für eine würdevolle Ausführung sorgen. Ich habe immer Angst, über einen Bereich die Kontrolle zu verlieren; es gibt zu viele Sachen, die ich unter einen Hut bringen muss.

F: Arbeiten Sie im Moment an einem eigenständigen Werk?

M: Ich habe gerade ein kleines Stück für Pianoforte und ein Instrument beendet, das am 28. Juli dieses Jahres (1993) in Siena aufgeführt wird. Der Titel ist *Epitaffi sparsi* (Verstreute Epitaphe), nach Texten des Poeten und Musikwissenschaftlers Sergio Miceli. Epitaphe sind Grabinschriften, in diesem Fall sind die Inschriften scherzhaft, bitter, wütend, bissig; es sind Inschriften auf Grabsteinen von lebenden Personen, polemische Attacken gegen eine gewisse Art von Menschen.

F: Sie spielen auch in einer Gruppe namens *Nuova Consonanza*?

M: Ich habe dort gespielt. Es war eine Gruppe für moderne Improvisation, kein Rock, kein Jazz, und bestand ausschließlich aus Komponisten. Aber die historische Funktion dieser Gruppe ist vorbei. Vor 30 Jahren hatte diese Gruppe ihre künstlerische Legitimation, auch Stockhausens *Klavierstücke* und Werke anderer moderner Komponisten jener Periode, speziell der Darmstädter Schule. Man schrieb offene Werke, die nicht komplett der Kontrolle des Komponisten unterlagen, und daher auch nicht des Solisten, des Interpreten. Diese Entwicklung hat eine Willkür der Ausführung und Improvisation auf der Seite dessen forciert, der diese Stücke spielte. Weder Komponist noch Interpret waren gänzlich Herr der geschriebenen Musik. Das hat eine Reaktion seitens bestimmter Komponisten hervorgerufen, von mir und anderen, die sich zu dieser Improvisationsgruppe zusammengeschlossen haben, um zu sagen, wenn wir schon an Kompositionen arbeiten müssen, die letzten Endes der Kontrolle der Komponisten entzogen und der Willkür der Interpreten überantwortet sind, dann interpretieren halt gleich wir, die wir die Komponisten sind. Mit der musikalischen Improvisation aber ist schließlich auch die Funktion unserer Gruppe verschwunden. Sie existiert noch, aber sie spielt seit ungefähr 7, 8 Jahren nicht mehr öffentlich.

F: Markiert der Name *Nuova Consonza* eine Abwendung von der Dissonanz, oder will er sagen, die Dissonanz sei die neue Konsonanz?

M: Genau das letztere. *Nuova Consonanza* bedeutet dass die alte Dissonanz nicht mehr existiert. Es existiert eine neue Konsonanz, die man nicht Dissonanz nennen kann, weil das, was man vielleicht vor einem Jahrhundert Dissonanz genannt hat, heute konsonant ist, eben eine neue Konsonanz.

F: Wo sehen Sie sich im Spannungsfeld von Serieller Musik, Aleatorik, usw.?

M: Die Serialität negiert doch nicht die Aleatorik. Die beiden können durchaus zusammen existieren. Die Serialität, die ich bei gewissen freien Kompositionen benutze, kann mit Sicherheit auch durchgreifend sein, aber dann völlig frei. In dem Sinne, dass ich die Dodekaphonie nie auf rigorose Weise anwende. Überhaupt dürfte die strenge Dodekaphonie gar nicht mehr existieren. In ihrem Anfang war sie revolutionär, wirkte mit vollem Recht auf eine ganze Reihe von Komponisten und formierte eine Epoche; aber heute kann sie nicht mehr in derselben statischen, immobilen Strenge einer Regel verharren, welche allerdings zu ihrer Zeit das ganze System veränderte. Heutzutage müssen die Dodekaphonie, die Serialisierung, prinzipiell alle musikalischen Parameter viel freier gehandhabt werden; die Werte, die Höhen, die Dynamiken, der Rhythmus, all diese musikalischen Komponenten kann man serialisieren, jedoch muss es in freier Weise geschehen. Das heißt, wir haben nunmehr alle Freiheit, mit den revolutionären Erfahrungen der Vergangenheit zu arbeiten.

F: Waren Sie in Darmstadt?

M: Ja, einmal war ich in Darmstadt, vor 35 Jahren. Mir hat die Erfahrung gefallen, aber heutzutage ist die Geschichte von Darmstadt zuende. Die "Ferienkurse" sind geblieben, aber sie haben längst nicht mehr die Bedeutung die sie mal hatten. Die Revolution ist aufgesogen, absorbiert, es gibt sie nicht mehr. Jedenfalls nicht im alten Sinne: Heute kann jeder Komponist seine eigene persönliche Revolution machen, aber es ist keine epochale mehr.

F: Gibt es heute irgendwo ein anderes Zentrum für moderne Musik?

M: Ich glaube nicht. Vielleicht in Paris, bei IRCAM. Das ist eine Schule, die sich der Computermusik widmet, mit Synthesizern, Aufnahme und Übertragung von Ton, etc. Zweifellos als musikalische Evolution eine sehr wichtige Sache, aber keine Revolution.

F: Haben Sie sich auch an der Musikphilosophie orientiert, z.B. bei Adorno?

M: Adorno ist mit Sicherheit eine der wichtigsten Personen auf der gegenwärtigen Suche. Ich habe gelesen was er geschrieben hat, das ist natürlich absolut fundamental für unsere Zeit. Ich glaube aber, dass er auf mich in meiner Arbeit nicht sonderlich eingewirkt hat, zumindest nicht in meiner Arbeit für das Kino. Von meinen anderen Arbeiten weiß ich das nicht zu sagen. Seine Schriften sind faszinierend, und einen gewissen Effekt werden sie bei mir erzielt haben, aber nichts was ich kontrollieren könnte. Ich hoffe es ist mir ins Blut gegangen; unser Blut bemerken wir ja auch nicht, obwohl es da ist.

F: Arbeiten Sie auch mit elektronischer Musik?

M: Ich arbeite selten mit elektronischer Musik. Bis jetzt habe ich auch noch nie reine elektronische Musik verwandt, höchstens Synthesizer als Integration der wirklichen Töne von traditionalen Instrumenten. Aber reale Instrumente täuschend echt zu imitieren interessiert mich nicht besonders. Durchaus interessant fände ich es dagegen, einmal mit elektronisch erzeugten Tönen zu arbeiten, auch wenn heute leider die schlechte Denkangewohnheit vorherrscht, elektronische Musik sei vor allem diejenige kommerzieller Synthesizer. Die wahre Elektronik ist vielmehr die Sprache, die direkt der vom Komponisten beherrschten Maschine entspringt. IRCAM leistet in dieser Hinsicht wirklich Bedeutendes.

F: Was machen Sie in ihrer Freizeit?

M: Ich bin ein passionierter Schachspieler, ich habe das Schachspiel sogar ein wenig studiert. Nicht dass ich so ein toller Spieler wäre, es macht mir einfach Spaß. Wenn ich keinen Mitspieler habe, spiele ich gegen den Computer.

F: Sehen Sie Ähnlichkeiten zwischen dem Schachspiel und der Musik?

M: Oh ja, da gibt es einige Ähnlichkeiten. Auch die Musik, besonders in diesem Jahrhundert, ist sehr mathematisch. Im Schachspiel geht es um das Zusammenspiel und die Auflösung von Figurenkonstellationen, in der Musik sind es Kombinationen von Instrumenten, Frequenzen, Tönen, Tonhöhen, Dynamiken. Schach hat viele Elemente, die gleichzeitig musikalisch sind; wegen dieser Affinitätäten scheint es mir wahrscheinlich, dass ein guter Musiker auch ein guter Schachspieler ist.

F: Mit welchem Regisseur würden Sie gerne Schach spielen?

M: Ich kenne gar keinen Regisseur, der Schach spielen kann.

F: Man hat gesagt, Sie seien ein Künstler der Ordnung. Sehen Sie das ähnlich?

M: Ja, unbedingt. Ein heutiger Komponist kann gar nichts anderes sein als ordentlich. Ordentlich im Denken. Man kann heutzutage kein Stück zu schreiben anfangen wenn man nicht genau weiß was man erreichen will, ohne eine sehr präzise kompositorische Konzeption. Eine solche genaue Vorstellung ist natürlich nicht so zu verstehen, dass sie jegliche Korrektur während des Komponierens von vornherein ausschließt. Man kann eine Komposition in einer dezidierten Weise beginnen und sie im späteren Verlauf ebenso dezidiert verändern. Die in der Arbeit entstehenden Ideen dürfen nicht von einem äußerlichen Rigorismus zerstört werden. Die formale Strenge ist kein Ziel an sich, sie muss immer einer Ausdruckskraft dienen, einem strukturalen Sinn des Werks, einem Kommunikationswillen. Insofern glaube ich, rigoros zu sein. Abgesehen davon kommt dieser Zwang zur Ordnung auch mit dem Beruf den ich ausübe. Ich muss zu einer bestimmten Stunde aufstehen, muss mich organisieren, um viele auseinanderliegende Sachen aufnehmen und auf jede in angemessener Präzision reagieren zu können.

F: Also sind Aleatorik und Improvisation Teil der Ordnung?

M: Nun ja, wenn man sich dazu entscheidet, aleatorisch zu arbeiten, ist dies selbstverständlich ein Moment der künstlerischen Ordentlichkeit. In meinem Leben aber bin ich mit Sicherheit nicht zufallsbestimmt, denn sonst wäre ich einfach unorganisiert.

F: Sie haben zu vielen politisch engagierten Filmen die Musik geschrieben. Sehen Sie sich selbst als politischen Künstler?

M: Nein, ich bin eigentlich eher unpolitisch. Obwohl ich natürlich die Probleme unserer Gesellschaft sehe und daher zufrieden bin, dass bestimmte Sachen, die ich für politische Filme geschrieben habe, im öffentlichen Bewusstsein so präsent sind, in Spanien, in Deutschland, in Amerika und anderen Ländern. Ein Teil dessen, was ich zu diesen Filmen beigetragen habe, ist im gesellschaftlichen Leben hängengeblieben.

F: Haben Sie sich jemals geweigert, für einen Film zu arbeiten?

M: Sehen Sie, das Problem der Zurückweisung eines Films halte ich für ein moralisches. Ich lehne nie einen Film ab, nachdem ich ihn gesehen habe. Ich halte es für sehr unkorrekt und ungezogen, ein Urteil über einen Film abzugeben der noch nicht fertig ist. Wenn ich zu einem Film gerufen werde, soll ich kollaborieren und ihn nicht kritisieren, ohne meinen Beitrag dazu geleistet zu haben. Natürlich habe ich schon viele Filme abgelehnt, aber immer von vornherein, bevor ich sie gesehen habe.

F: Was halten Sie davon, dass Ihre Musik immer wieder kommerziell ausgenutzt wird, in der Werbung usw.?

M: Diese Sache habe ich nie gebilligt, aber ich kann es nicht verhindern. Ich finde es nicht gut, aber es gibt mir auch ein wenig Genugtuung, denn es bedeutet dass die Musik einen gewissen Erfolg hat.

F: Speziell das Stück *L´uomo dell´armonica* (*Das Lied vom Tod*) aus *Spiel mir das Lied vom Tod* wurde von den Republikanern in einem Wahlkampfspot benutzt.

M: Ach, wirklich? Das wusste ich gar nicht. Ich weiß aber, dass bei der Beerdigung der Baader-Meinhof-Leute *Sacco und*

Vanzetti gespielt wurde *(freut sich)*. Aber das ist natürlich eine ganz andere Sache.

F: Was bedeutet es Ihnen, dass einige Rock- und New Wave-Gruppen Ihre Musik als Impuls genommen bzw. sie zitiert haben?

M: Das gefällt mir natürlich. Das bedeutet, dass meine Arbeit für sie interessant ist, dass sie Bezüge zu ihren eigenen musikalischen Zerlegungen sehen, weil meine Musik einfach ist, aber nicht simpel.

F: Mögen Sie Rockmusik?

M: Ich mag Rock, mache aber Unterschiede. Es gibt banalen Rock, der nichts Erfinderisches an sich hat, und es gibt interessanteren Rock. Leider bringt die Kommerzialisierung und Standardisierung alles auf ein viel niedrigeres Niveau, und der Rock von einem gewissen Interesse wird immer seltener.

F: Fühlen Sie sich in Ihrer Arbeit auch von anderen Künsten beeinflusst, von Malerei, Literatur?

M: Mit Sicherheit haben Malerei und Skulptur auf mich eingewirkt, aber ich weiß nicht in welcher Weise und bis zu welchem Grad. Natürlich hat mich die Malerei in der freien Komposition stärker geprägt als in der Arbeit für das Kino, aber vielleicht habe ich auch hier gewisse Einflüsse erfahren.

F: Welche Malerei mögen Sie besonders?

M: Ach, da gibt's natürlich vieles. Sehr gut gefällt mir kontemporäre Malerei.

F: Und Literatur?

M: Naja, ich komme nicht viel zum Lesen. Aber mehr als die narrative Literatur, als Romane oder eskapistische Literatur, gefällt mir die Essayistik; auch die Poesie mag ich sehr viel lieber.

F: Man sagt, dass die beste Filmmusik die sei, die man nicht hört. Denken Sie das auch?

M: Das ist der größte Unsinn den ich gehört habe. Selbstverständlich darf die Musik einem nicht auf die Nerven gehen, sie muss mit der Szene kollaborieren, mit den Bedeutungen des Films, mit den Handlungen der Personen. Aber wenn man sie nicht hört, wenn man sich nicht an sie erinnert, was soll es dann? Dann kann man sie gleich weglassen.

F: Gemeint war, dass die Musik keine eigene Existenz haben soll, um nicht vom Film abzulenken.

M: Nein. Musik muss für sich selbst bestehen können, denn nur wenn sie eine eigene Existenz hat, kann sie im Film funktionieren. Ein Beispiel in diesem Diskurs, der von meiner Seite genügend bekämpft wurde, wären die Filme mit der Musik von Mozart, von Bach, denn auch diese Kompositionen funktionieren im Film, selbst wenn sie nicht eigens dafür geschrieben wurden. Sie funktionieren, weil sie Musik sind. Um eine gute Filmmusik zu schreiben, muss man vor allem verstehen, eine gute Musik zu schreiben, die alleine stehen kann, mit ihren eigenen technischen, formalen und expressiven Vorzügen. Eine Musik, die einzig für einen Film gemacht wurde, funktioniert nie so gut wie eine zu dem Zweck geschriebene, zu allererst für sich selbst hörbar zu sein.

Interview: **Michael Ballhaus** (1995)

Frage: Herr Ballhaus, wenn Sie Ihre Arbeit zu Anfang mal in einem Satz zusammenfassen...

Ballhaus: In einem Satz ist das schwierig, aber ich habe mich immer dafür interessiert, Geschichten zu erzählen, die mit Menschen zu tun haben, Geschichten möglichst in Bildern zu erzählen, so dass die Bilder selber für sich etwas erzählen, ohne die Worte. Und so dass die Geschichten die Menschen emotional berühren, dass sie lachen können, oder weinen können, aber dass emotional etwas mit den Menschen passiert,wenn sie den Film sehen. Und wichtig ist natürlich, dass innerhalb einer Geschichte ein Mensch durch eine bestimmte Erfahrung in seinem Leben sich verändert, dass er am Ende eines Films nicht mehr der selbe ist, der er am Anfang war, dass da irgendwas passiert mit ihm.

F: Verändern sich dann auch die Bilder innerhalb der Geschichte?

B: Ja, die Bilder verändern sich auch, aber das hat dann eng mit der Geschichte zu tun. Ich habe mich mal darum bemüht, dass jeder meiner Filme anders aussieht, dass wenn man mich nach meinem Stil fragt, ich immer sagen kann, um Gottes willen, ich möchte keinen Stil haben.

F: Sehen Sie denn wenigstens so eine Art Fassbinder-Stil oder Scorsese-Stil, den man als solchen bezeichnen könnte?

B: Nee, gar nicht. Also gut, bei Fassbinder war es so, dass seine Geschichten eine bestimmte Richtung hatten, er hat ja immer diese etwas melodramatischen Geschichten erzählt, und deshalb waren natürlich auch die Bilder melodramatisch. Aber bei Scorsese – wir haben ja die unterschiedlichsten Filme gemacht, *After Hours,* oder *Last Temptation*, oder *Colour of*

Money, oder *Goodfellas*, oder *Age of Innocents* – das sind völlig andere Welten und andere Geschichten, und die Filme sehen auch total unterschiedlich aus. Da ist schon eine ziemliche Spanne, und das ist es eigentlich, was mich interessiert.

F: Aber trotz allem gelten sie doch als ein Kameramann mit einer der ausgeprägtesten Handschriften. Ist sowas Zufall?

B: Ja, aber Handschrift kann dann nur heißen, dass wenn man einen Film erkennt, dann nicht anhand der bestimmten Bewegungen... Okay, es gibt da halt eine Bewegung, die ich sehr liebe, das ist die berühmte 360°-Fahrt, das ist so ein bisschen mein Markenzeichen geworden, jedenfalls sagen die Leute das. Ich mag die Bewegung sehr gern. Aber ein Gesicht so zu zeigen wie man es noch nie vorher gesehen hat, zu versuchen, aus einem Gesicht das meiste herauszuholen, so dass man hinter dem Gesicht die Person erkennt – wenn man das einen Stil nennen kann, dann ist das mein Stil. In der *New York Times*, glaube ich, stand mal, dass die Fahrt in *Baker Boys*, diese 360°-Fahrt um Michelle Pfeiffer auf dem Piano herum, der Durchbruch ihrer Karriere war. Das ist ein schönes Kompliment. Wenn das Stil ist, dann würde ich sagen, ist das mein Stil. Aber sonst sollte es eigentlich immer so aussehen wie es aussehen muss.

F: Wenn Sie nun Bilder produzieren, was ist die Bewegung dabei, die des Schaffens oder eher die des Aufnehmens, des Suchens, des Findens? Ist es mehr Skulptur oder mehr Collage?

B: Es ist weniger Collage, es ist, glaube ich, doch mehr formen. Wenn man an so eine Großaufnahme herangeht, oder an so ein Bild, dann ist es mehr der Versuch, Spannungen herzustellen, Spannungen zu finden, vom Licht her, von der Komposition her, so dass man durch hell/dunkel oder durch

Farben Spannungen bekommt. Es ist die Suche nach der Spannung, nach einer Komposition, die etwas aussagt.

F: Welcher anderen Kunst würden Sie sich am nächsten fühlen mit Ihrer Arbeit?

B: Das ist schwer zu sagen, das ist so vielfältig. Wenn ich sagen würde Malerei, dann würde es das auch nicht treffen, weil Film etwas mit Rhythmus zu tun hat. Der Rhythmus ist eigentlich das Wichtigste, die Abfolge der Bilder, wo Bilder aufeinanderkommen, das ist das was Film ausmacht. Die Nahtstellen von Bildern, das ist eigentlich die Quintessenz des Films, und das ist auch etwas worauf ich sehr großen Wert lege. Ich stelle mir immer eine Sequenz vor in ihrem Ablauf, ich könnte nie herausgelöst ein Bild machen, ohne zu wissen, was davor und danach kommt. Es ist immer ganz wichtig zu wissen, wo diese Bilder aneinanderstoßen. Deshalb wäre es also nicht richtig zu sagen der Malerei, obwohl in vielem...

F: Sie sprachen ja gerade von der Komposition im Bild, das klingt schon nach Musik und Malerei...

B: Musik und Malerei, das ist es eigentlich. Es hat sehr viel mit Rhythmus zu tun.

F: Können Sie sich noch erinnern, was Sie ursprünglich dazu bewogen hat, Kamera zu machen?

B: Ja, daran kann ich mich noch ganz gut erinnern. Es gab so ein Schlüsselerlebnis. Und zwar war es beim ersten Mal, als ich bei Dreharbeiten zu einem Film zugekuckt habe. Das war *Lola Montez*, den der Max Ophüls inszeniert hat, 1953 oder so, ich war 16 oder 17. Da unsere Familie den Max Ophüls kannte, hatte ich die Chance, ihm bei den Dreharbeiten in Bamberg und später in München im Atelier zuzuschauen, für eine Woche. Und das, glaube ich, war bei mir die

Initialzündung. Ich bin ja im Theater großgeworden, meine Eltern waren Schauspieler und hatten ein eigenes Theater. Mich hat das Theater immer fasziniert, aber diese Kombination zwischen Schauspiel und Film war dann plötzlich das Tollste.

F: Hatten Sie Ophüls auch kennengelernt?

B: Ja, meine Eltern waren ja mit ihm befreundet, naja, befreundet ist der falsche Ausdruck, er war mal liiert mit einer Tante von mir, deshalb kannten die den, und deshalb konnte ich überhaupt an den Set. Die ersten Tage war mein Vater mit da, und wir haben natürlich mit ihm gesprochen. Komischerweise, und ich weiß gar nicht warum, hat mich der Kameramann viel mehr interessiert. Es war Christian Matras, und der sprach kein Wort deutsch. Und der Oberbeleuchter war Bayer, der sprach kein Wort französisch, und wie die sich miteinander verständigt haben war so toll. Die liefen immer herum und kuckten an eine Stelle und deuteten da hin, da musste der Scheinwerfer hin und machten dann so (*zeigt fünf Finger*), das war dann ein Fünfer. So verstanden die sich prima, der eine hat französisch gesprochen, der andere hat bayrisch geantwortet. Das hat auch sowas Faszinierendes, dass es da offensichtlich so eine Art internationaler Verständigung gibt zwischen denen, dass die nicht die selbe Sprache sprechen, und trotzdem wissen was sie meinen. – Ich bin dann also ein bisschen mit dem Kameramann so rum und habe gekuckt was der so macht. Das war faszinierend, wenn dann auf einmal alle Lichter angingen und es anfing, Leben zu kriegen.

F: Was war das für eine Szene?

B: Das war eine Nachtszene in Bamberg, das war die erste Szene die ich da überhaupt gesehen habe. Die hatten da diesen Kirchberg oder Klosterberg, mit einer Straße, die da hinaufführt. Wir sind am Tag gekommen, da liefen die so rum und haben alles eingerichtet, und als es dunkel wurde, haben die die Lichter eingeschaltet, und das war so faszinierend, wie da aus der Dunkelheit auf einmal diese Straße so erwachte zu einer Kinoszene. Und dann war ich in München im Atelier dabei, so eine Woche, wo eines Tages 340 Statisten umgeschminkt wurden. Ophüls wollte, dass die alle grün geschminkt werden. Da war dann eine Pause von fünf Stunden.

F: Hatten Sie auch Kontakt zu anderen Filmmachern?

B: Nein, die habe ich alle nicht kennengelernt. Nur bei dem einen Film eben den Kameramann von *Lola Montez*. Und von da an habe ich dann davon geträumt, dass ich das mal machen wollte.

F: Konnten Sie sich mit dem Kameramann unterhalten?

B: Nee, nee, mein französisch war zu schlecht, und ich war auch viel zu scheu, ich war ja 17 oder so, bin da nur so rumgelaufen und habe zugeschaut. Mit dem Ophüls habe ich wohl mal kurz gesprochen, aber was sagt bitte ein 17jähriger zu Max Ophüls, der gerade *Lola Montez* inszeniert... Für mich war diese Welt einfach überwältigend, noch eine Steigerung von Theater.

F: Was hat Sie dann speziell zur Kamera getrieben?
Normalerweise beeindruckt einen am Set ja eher der
Regisseur, der ist der Chef und sagt wie alles gemacht wird...

B: Ich habe sehr früh angefangen zu fotografieren. Meine Eltern hatten mir eine Kamera gekauft, weil sie Bühnenfotos brauchten, und gesagt, lass den Jungen mal fotografieren, dann kann er gleich unsere Bühnenfotos machen. Vielleicht hat mich deshalb der Aspekt der Fotografie besonders interessiert.

– Beim SWF habe ich dann Peter Lilienthal getroffen. Er kam zum SWF aus Berlin von der HBK, war da engagiert worden als Hausregisseur, hatte aber noch nichts gemacht. Wir haben dann eigentlich zusammen angefangen, haben uns sehr schnell angefreundet und dann auch die ersten Filme zusammen gemacht. Das war für mich eine wichtige und entscheidende Erfahrung, da ich nie wirklich einen Lehrer hatte. Beim Fernsehen war ich einer von den Schwenkern an diesen E-Kameras, und was die da an Licht gemacht haben war nicht so der Haufen. Ich bin auch sehr viel ins Kino gegangen, aber als ich anfing das selber zu machen, hatte ich natürlich keinerlei Erfahrung. Mit dem Filmemachen bin ich dann so in Berührung gekommen, dass Peter Lilienthal mit einem Buch zu mir kam und z.B. sagte, ich habe hier eine Novelle von der Bachmann, lies das doch mal, das wäre doch ein interessanter Film. Dann mussten wir jemanden suchen, der das Drehbuch schreibt. Dann haben wir über das Drehbuch diskutiert. Dann haben wir das Storyboard gemacht, mit dem Günter Kiese, der machte damals die Ausstattung. So sind wir durch alle Schritte durchgegangen, bis wir gedreht haben, und dann war ich wieder im Schneideraum dabei, sodass ich den Prozess eher über den Weg des Regisseurs kennengelernt oder erfahren habe, als über den normalen Weg, d.h. dass einer zuerst Assistent ist und dann Schwenker und jahrelang einem großen Kameramann zukuckt, bis er's dann irgendwann mal selber macht.

F: Haben sich Ihre Erwartungen denn erfüllt, war das später so wie beim ersten Eindruck bei Ophüls? Oder war es eher vor allem Handwerk und harte Arbeit und aller Glamour dahin?

B: Es war natürlich immer harte Arbeit, das ist es immer noch, aber ich muss sagen ich habe immer viel Glück gehabt in meinem Leben und in meinem Beruf. Ich bin sehr früh dazu gekommen, wirklich selber etwas zu machen, ich habe eigentlich den Beruf gelernt, indem ich es selber ausprobiert habe. Ich hatte nie irgendwelche Lehrer, ich war nie jahrelang Assistent von einem Kameramann. Vier Monate war ich Kamerassistent in meinem Leben, und kein guter. Dann bin ich zum Fernsehen gegangen, nach Baden-Baden und habe da ein bisschen E-Kamera gemacht, das war eher so der Operator-Job, und dann kam Peter Lilienthal nach Baden-Baden. Da haben wir eben Filme gemacht, ich habe mit 25 meinen ersten Film gedreht, und hatte nicht viel Ahnung...

F: Welcher war das?

B: Das war dieser Mrozek (*wahrsch.* Striptease *nach Mrozek, 1963. An anderer Stelle nannte er Der 18. Geburtstag als ihren gemeinsamen Film, sagte aber später, das sei nur Lilienthals erster Film gewesen, Ballhaus sei erst bei dessen zweitem Film dabeigewesen.*), und wir haben den gemeinsam entwickelt, von Anfang an, vom Drehbuch über Dreharbeiten bis zum Schnitt. Ich habe eigentlich den ganzen Prozess vom Filmemachen gelernt, zumindest mitverfolgt. Das hat mir später sehr geholfen, weil es für mich nie ein technischer Beruf war, immer der eines Geschichtenerzählers, aber mit Bildern. Das ist ein großer Unterschied zu vielen meiner Kollegen. Wenn man anfängt als Loader und dann als Assistent und dann als Operator, dann ist das jahrelang ein ganz technischer Beruf, in dem man sehr gut sein muss, um weiterzukommen. Das habe ich sozusagen alles übersprungen und bin direkt zu den Bildern gekommen. Das ist wahrscheinlich der große Unterschied in meinem Werdegang zu anderen Kameraleuten: Es hatte immer was damit zu tun, Geschichten zu erzählen, und nicht soviel mit Technik. Auch heute habe ich noch nicht so viel mit Technik am Hut, das interessiert mich alles weniger als Geschichten.

F: Was für Filme haben Sie gesehen, als Sie in den Fünfzigern, anfang der Sechziger immer ins Kino gegangen sind?

B: Natürlich Nouvelle Vague, Godard hauptsächlich, dann die ganzen Italiener. Die ganzen Filme, die Godard mit Raoul Coutard gemacht hat, das fand ich sehr aufregend, weil es völlig neu und anders war, total entfesselt und unkonventionell. Und dann die klassischen großen italienischen Kameraleute wie Gianni di Venanzo und so, *La Notte* und so was. Und dann später Cinéma verité, diese wunderschönen Filme.

F: Haben Sie damals schon darauf geachtet, wer der Kameramann war?

B: Ja, ja, sehr stark.

F: Sind Sie dann z.B. wegen Coutard oder wegen Godard ins Kino gegangen?

B: Wegen beiden natürlich, aber das waren ja auch gute Kombinationen. Wenn mir dann der Film gefallen hat, habe ich mir den Film immer und immer wieder angekuckt. *Le Mepris* z.B. habe ich, glaube ich, zwölfmal gesehen, da waren so aufregende neue Sachen drin, Parallelfahrten von einer Person zur anderen, oder diese Schwenks, diese Totale von einer Treppe oben runter, und eine ganz kleine Figur geht durch das Bild hindurch, und als sie an der Kante angekommen ist, als man denkt, die geht gleich aus dem Bild raus, fängt die Kamera langsam an, mitzuschwenken.

F: Hatten Sie damals einen Lieblingskameramann?

B: Eigentlich nicht, von dem Coutard habe ich wohl viel gelernt, dann fing ich an, die Filme von Bergman zu kucken, mit dem Nykvist an der Kamera, von dem ich sehr viel gelernt habe. Im Grunde die Nouvelle Vague, die Italiener und eben Nykvist sind mir in Erinnerung geblieben. Bei den amerikanischen Filmen aus der Zeit sind mir komischerweise die Kameraleute nicht so im Gedächtnis geblieben. Das war mir irgendwie weiter weg. Als ich später anfing, selber Filme zu machen, kamen dann auch Einflüsse von den Regisseuren dazu, als ich z.B. anfing, mit Fassbinder zu arbeiten, Anfang '70. Der war z.B. ein großer Fan von Douglas Sirk, da haben wir uns zusammen viele Douglas Sirk-Filme angesehen.

F: Hat Fassbinder dann auch gesagt, kuck mal, so musst du das machen?

B: Nein, so natürlich nicht, aber wir haben uns dann hinterher darüber unterhalten. Was er z.B. mit Innen und Außen gemacht hat, fanden wir sehr aufregend. Es war immer innen ein bisschen wärmer und außen ein bisschen bläulicher, es gab immer eine ganz starke Definition von innen und außen in seinen Filmen. – Dann kam natürlich die Zeit, wo man fasziniert Hitchcock angesehen hat, und immer auch versuchte zu kucken, wie das gemacht ist. – Dann hatte ich eine Phase, nachdem ich eine zeitlang Filme gemacht hatte, so 1968, als der Lilienthal wegging vom Südwestfunk. Ich hatte da auch so insgesamt acht Jahre Fernsehanstalt auf dem Buckel, war kurz davor, sozusagen pensionsberechtigt zu werden, und das wurde mir ein zu sicherer Hafen. Dazu hatte ich keine Lust. Peter Lilienthal ging dann nach Berlin an die Filmakademie, an die DFFB, und hat mich eigentlich da mit hingeholt, mich gefragt, ob ich da Dozent werden wolle. Das hat mich sehr interessiert, und also war ich von '68 bis '70 Dozent an der DFFB. Das war sehr interessant, abgesehen davon natürlich, dass es politisch eine hochaufregende Zeit war; in Berlin zu sein war natürlich viel aufregender als in Baden-Baden... Die Studenten waren alle enorm politisch, Holger Meins war z.B. einer von ihnen. Und da muss ich sagen, die Studenten haben bestimmt nicht viel gelernt von dem, was ich ihnen da verklickern konnte, aber ich habe enorm viel gelernt, weil wir auch angefangen haben, Filme zu analysieren, am Schneidetisch. Ich habe fast jeden Tag einen Film gesehen, es wurden auch sehr viele Filme vorgeführt. Dann haben wir darüber gesprochen und Fragen gestellt, und da musste man sich eben auch mal analytisch damit beschäftigen, nicht nur sagen, ja das gefällt mir, sondern auch warum. Das war für mich eine ganz wichtige Phase.

F: Hatten Sie denn damals neue Filme gesehen, oder vor allem alte?

B: Alles gemischt, neue Filme und alte. Klassiker natürlich, und die immer wieder. Und eben auch neue Sachen. Dann fing man an, mit den Studenten zu arbeiten, sich darüber Gedanken zu machen, warum stellst du jetzt die Kamera da hin und nicht hier, was bedeutet es, in welcher Höhe die Kamera steht. Ich hatte vorher viel intuitiv gemacht, durchgekuckt, das Gefühl gehabt, ah, es ist noch nicht richtig, muss noch ein bisschen tiefer, ah jetzt sieht's gut aus. Aber es war nicht reflektiert, und plötzlich fragten die, warum die Kamera hier. Und dann musste man sich etwas ausdenken, warum die Kamera jetzt hier ist und nicht da. Und was macht den Unterschied. Dann haben wir sie mal hochgestellt und runtergekuckt, dann haben wir sie mal ganz tief gestellt, und da hatte man es mal gesehen, dann konnte man auch darüber sprechen und erklären, warum.

F: Hatten Sie auch neue zentrale Sachen rausgefunden, die Sie daraufhin verwenden konnten?

B: Ja, naja zentral..., es ist ja sehr subjektiv, wo man die Kamera hinstellt, man kann es ja immer nur von sich aus begründen, was man selber für ein Gefühl hat für eine Szene. Also, mal ganz übertrieben gesagt, den Bösewicht fotografiert man eben ein bisschen mehr von unten als zu sehr von oben, und beim Helden ist die Kamera mehr auf Augenhöhe, man schaut ihm direkt ins Gesicht und will auf der selben Höhe sein wie der Held. Und wenn Hitchcock z.B. Suspense erzeugt, dann stellt er die Kamera ein bisschen höher, dann kuckt man auf die Leute runter. Solche Sachen lernt man dabei, und reflektiert darüber; oder man führt es einfach vor und sagt, das ist der Effekt, welchen Effekt wollt Ihr? Das ist der Effekt wenn die Kamera da steht, das ist der Effekt wenn du es mit einer 100er machst, das ist der Effekt wenn du es mit einer 18er fotografierst. Close up ist ein Close up, aber du kannst es mit einer 100er machen oder mit einer 18er, und es hat unterschiedliche Wirkungen.

F: Hatten Sie schon vorher bei den Kameraleuten, die Sie schätzten, gesagt, das ist toll, aber ich weiß nicht wie es gemacht ist, und konnten dann erst sagen, warum Sie es toll fanden?

B: Naja, das hatte ich mehr oder weniger schon rausgekriegt, während ich die Filme angekuckt habe. Ich habe mir die einfach so oft angekuckt, bis ich rauskriegte, wie es beleuchtet ist, wo die Lichter stehen, habe die Bewegungen studiert und die Höhe usw., bis ich dann natürlich auch drauf gekommen bin, was für Brennweiten die verwendet haben und so. Was an der Akademie interessant war, war z.B. ein Farbseminar, das ich gemacht hab mit denen, wo wir auch einen Farbpsychologen dabeihatten, der uns ein bisschen was über die psychologische Wirkung von Farben erklärt hat. Dabei haben wir interessante Experimente gemacht, z.B. beim Film das Farbspektrum zu verschieben. So kann ich eine Person mit einem sehr warmen Licht beleuchten, oder um es in Kelvin (Farbtemperatur) auszudrücken, ich kann die mit 2000 Kelvin beleuchten, dann ist die ziemlich gelb, und kann dann das Gelb rausnehmen, dann wird der Hintergrund blau. Also kann ich das Farbspektrum in einer bestimmten Richtung verschieben, um für den Hintergrund Effekte zu erzielen. – Die normale Farbtemperatur von Kunstlicht ist 3000, Tageslicht geht von 6000 bis 10000. – Die Verschiebung des Farbspektrums innerhalb des Bildes ist natürlich etwas sehr Interessantes, weil man damit den Hintergrund stark beeinflussen kann. Wenn man z.B. möchte, dass ein Hintergrund kalt wirkt, dann muss man den Vordergrund warm beleuchten, und dann das Warme rausnehmen. So kriegt man das hin, ohne dass man jetzt die Lichter im Hintergrund alle blau machen muss. – Außerdem haben wir natürlich auch Filmmaterialien getestet und so.

F: Haben Sie von damals ein Lieblingsmaterial?

B: Also, die Kodak war schon damals sehr gut. Ich habe dann eine zeitlang mit Agfa gedreht, die Agfa hatte den großen Vorteil, dass die Farben ein bisschen weicher waren, ein bisschen europäischer, möchte ich fast mal sagen. Sie waren nicht so amerikanisch, so grell. Ich habe z.B. einen Film, der so in den 50er, 60er Jahren spielte, auf Agfa gedreht, weil mir das von den Farben her besser zu sein schien. Aber mittlerweile hat Kodak sehr aufgeholt, die Farben sind nicht mehr so grell, inzwischen kann man mit Kodak heute alles machen. Das ist schon sehr gutes Material.

F: Gab's damals auch schon dieses Triumvirat Agfa-Kodak-Fuji?

B: Jaja, es gab die drei. Als Fuji rauskam, habe ich auch angefangen mit denen zu experimentieren. Das war am Anfang auch sehr interessant, denn sie waren die ersten, die mit dem High speed-Material rauskamen, mit 400 ASA, was damals sensationell war. *Die Ehe der Maria Braun* z.B. habe ich auf Fuji gedreht. Da hatte ich alles getestet, und dieses Material erschien mir am Interessantesten.

F: Testen Sie denn vor jedem Film noch mal neu? Oder in gewissen Abständen?

B: Ja, schon, aber wenn es heißt, der Film spielt heute und in Amerika, dann ist eigentlich Kodak die einzige Wahl. Da gibt's dann nicht viel Besseres, darüber denkt man gar nicht mal nach. Zumal die auch ständig mit neuen Sachen rauskommen. Anders ist es bei Filmen wie z.b. *Last Temptation of Christ*. Ich hätte den gerne auf Agfa gedreht, aber der Scorsese wollte schon auf Kodak drehen, weil er sagte das Material sei stabiler, hält sich länger, hinsichtlich des Verblassens der Farben und so. Da hat er mich dann überzeugt.

F: Kodak hält länger?

B: Hat er damals behauptet. Ich habe dann hinterher nachgeforscht, und es stimmte nicht.

F: Hatten Sie auch damit experimentiert, Tageslichtfilm mit Kunstlicht zu belichten und umgekehrt?

B: Ja, sicher, auch einfach, Kunstlicht ohne Filter zu benutzen, z.B. Das gehört zu den selben Verschiebungen des Farbspektrums, das ist sozusagen das selbe Thema. Das ist es ja was man damit macht, man verschiebt das Farbspektrum. Nur, wenn man es so extrem macht dass man ganz ohne Filter dreht, finde ich immer, dass die Verschiebung des Farbspektrums ein bisschen zu weit geht. Diese 3000 Kelvin-Verschiebung schien mir immer die Farben zu sehr zu verfälschen, deswegen bin ich manchmal dazwischengegangen, d.h. nicht ganz ohne Filter, sondern mit dem 81 EF, der sozusagen in der Mitte liegt, zwischen 3000 und 6000 bei 4000 Kelvin. Damit hat man so nach beiden Seiten ein bisschen Spielraum. Und das ist ein sehr guter Effekt, das tu ich sehr häufig.

F: Hatten Sie auch so eine Art Lieblingsobjektiv oder eine Lieblingsbrennweite?

B: Nee. Eigentlich gar nicht. Ich habe erstmal versucht, jeden Film ein bisschen anders aussehen zu lassen, und ich bin da immer sehr stark von der Geschichte ausgegangen. Also, es gibt Geschichten, die einfach kurze Brennweiten verlangen, die man nur mit Weitwinkelobjektiven erzählen kann, und es gibt Geschichten, die brauchen längere Brennweiten. Deswegen habe ich kein Lieblingsobjektiv, denn jede Geschichte verlangt ihren eigenen Stil, und der Stil hat eben sehr viel mit den Brennweiten zu tun.

F: Hat Ihnen schon mal ein Regisseur gesagt, ich will die und die Brennweite, weil ich die immer benutze und basta, ob die nun passt oder nicht?

B: Naja, wenn es nun nicht so auf den Stil ankommt sondern darauf, dass man ein Gesicht richtig, oder so vorteilhaft wie möglich fotografiert, dann sind das ganz andere Kriterien. Dann geht es darum, dass man z.B. ein Close up von Dustin Hoffman mit einer möglichst langen Brennweite fotografiert, damit seine Nase ein bisschen verkürzt ist. Das sind ganz logische optische Gesetze, dass Dustin Hoffman im Close up mit einem 180er fotografiert besser aussieht als mit einem 32er. Das hat natürlich nichts mit dem Stil einer Geschichte zu tun. Deshalb haben wir z.B. bei *Outbreak* sehr viel mit kurzen Brennweiten gearbeitet, weil er viel Dynamik hat, aber wenn es dann um Großaufnahmen geht, ist klar, dass man den Star Dustin Hoffman so schön wie möglich fotografiert.

F: Was sind denn das für Geschichten, die man lieber mit längeren Brennweiten fotografiert?

B: Das ist schwer zu generalisieren, ich würde mal sagen, bei allem was in früheren Zeiten spielt, alles was *period* ist, habe ich mehr eine Tendenz, es mit längeren Brennweiten zu fotografieren. Alles was irgendwie historisch ist.

F: Wegen des Tableauhaften?

B: Ja, es ist nicht so aufgerissen, es hat ein bisschen mehr Distance, die Kamera hat auch ein bisschen mehr Distance zu den Leuten, und man hat ein bisschen mehr Distance zur Geschichte. Da bevorzuge ich längere Brennweiten. Bei einer Geschichte wie *Outbreak* oder wie *Goodfellas* aber haben wir natürlich unheimlich viel mit kurzen Brennweiten gearbeitet, viel mit 18 und so. Das sind dann Geschichten mit einer unheimlichen Dynamik, da kommt es auch nicht darauf an, dass alles nun besonders schön aussieht, da muss alles unheimlich realistisch, fast harsch sein.

F: Könnte man dann so eine Art Ideologie der Brennweiten formulieren?

B: Sowas könnte man daraus ableiten, ja.

F: In dem Sinne dass diverse Helden oder Begebenheiten oder Menschenmassen mit verschiedenen Brennweiten in unterschiedlichem Licht erscheinen. Ich denke da z.B. an *City of Joy* von Roland Joffe, in dem Patrick Swayze, der einen Kopf größer ist als die Inder um ihn herum, durch Kalkutta oder wo auch immer wandert, und das so aufgenommen ist, mit langer Brennweite, dass die Inder zu so einer formlosen, wimmelnden Masse plattgepresst werden, durch die Swayze als einsamer Herrenmensch hindurchwatet.

B: Natürlich. In *Age of Innocence* gibt es diese Szene mit den Hüten, da ist so ein Bild mit ca. 200 Leuten mit Hüten. Das haben wir z.B. mit einer 600er aufgenommen, von sehr weit weg, um das alles sehr zusammenzudrücken, sehr zusammenzupressen. Das ist dann halt eine Masse, zu der alles sozusagen ineinandergeschoben wird; die 200 Leute treten alle wie auf der Stelle, man sieht nur diese wogenden Hüte. Und dafür sind solche langen Brennweiten natürlich enorm wichtig.

F: Kann man also sagen, dass da, wo es auf die Dynamik der Handlung ankommt, die Brennweiten kürzer werden, und da, wo es um Beschreibung oder Evokation einer Zeit oder eines Ortes geht, lange Brennweiten vorherrschen?

B: Ja, speziell bei historischen Geschichten, obwohl was wir historisch nennen ja etwas ganz anderes ist, als was Amerikaner historisch nennen. Für die ist ja schon 20 Jahre zurück ein *period picture*. Bei uns bedeutet das ja mehr ein anderes Jahrhundert. – Also bei allem was irgendwie in der Vergangenheit spielt. Bei *Age of Innocence* z.B. habe ich selten eine kürzere Brennweite als 32 benutzt. Und dann gab's wieder Filme wie *Goodfellas*, wo ich das 32er überhaupt nicht benutzt habe, das kam nicht vor, entweder war's 18 oder es war länger. Das 32er blieb im Koffer, es gab alles unterhalb und alles oberhalb, aber nicht die mittleren. 28, 32, 40 waren nicht angesagt. – Bei einem Actionfilm, oder allgemeiner bei einem Film der sehr viel Action hat und spannend ist, benutzt man eher kurze Brennweiten als bei einer Geschichte, die man sozusagen mehr betrachtet. Wenn man reingesogen wird in eine Geschichte, von der Spannung her, dann, glaube ich, muss man mehr kurze Brennweiten verwenden, als wenn man einen Film dreht, der mehr etwas Kontemplatives hat, etwas Beschauliches, wo man einfach Personen beobachtet, wie sie agieren. Das war eben bei *Age of Innocence*. Da hatten wir zwar auch sehr nahe Einstellungen und sehr große, aber es war trotzdem distanziert, weil es eben etwas anderes ist, ob man ein Close up mit einer 180er macht oder mir einer 18er oder 32er. Das hat eine ganz andere Wirkung.

F: Hat sich denn Ihr Gebrauch von Großaufnahmen oder Halbnahen oder Totalen geändert über die Jahre?

B: Ja, ganz stark. Man ist heute in der Bildauffassung viel extremer geworden. Viel extremer. In beide Richtungen, viel weiter, viel näher. Früher war ein Close up hier (*zeigt Ausschnitt einer Büste*), und heute ist das hier (*zeigt Gesicht mit ein bisschen Hals*), und wenn's sein muss hier (*zeigt Gesicht ohne Ränder*). Die Bildsprache hat sich in den letzten Jahren sehr verändert, ist sehr extremer geworden. Das hängt wahrscheinlich auch damit zusammen, dass die Reizschwelle sich nach oben verschoben hat. Weil die Leute heute so viel Bildinformation bekommen. Der Durchschnittsmensch schaut sich heute ja wahrscheinlich ein, zwei Stunden am Tag Bilder an, und um dann sein Interesse zu wecken, muss man natürlich etwas extremer werden. Das bezieht sich auf die Brennweiten, das bezieht sich auf die Größen, das bezieht sich sehr stark auf den Schnitt, auf den Rhythmus. Der Rhythmus der Filme ist viel schneller geworden, weil die Leute viel schneller begreifen. Die haben die Bildsprache einfach gelernt, die Erzählsprache von Filmen haben die Leute so intus, dass die ganz schnell kapieren worum's geht.

F: Wird sich da mit dem 16:9-Fernsehformat etwas ändern?

B: Nö, glaube ich nicht, höchstens dass man die Filme jetzt im Fernsehen in dem Format sehen kann, in dem sie gedreht sind. Das ist natürlich der große Vorteil. Ästhetisch ist es halt ein bisschen was anderes, und ich muss sagen ich habe mich schon an dieses 1:1,85 gewöhnt, das ist halt ein schönes Format. Ich mag das wahnsinnig gern, und das ist ungefähr dieses 16:9-Format.

F: Hat sich bei Ihnen auch die Schärfentiefe geändert?

B: Das ist auch wieder eine Sache, die mit der Geschichte und sehr stark mit den Brennweiten zusammenhängt. Je kürzer die Brennweite, desto größer ist die Tiefenschärfe. Desto mehr sieht man im Hintergrund, und das hat ja wieder einen direkten Bezug zu der Geschichte. Wie gesagt, bei Geschichten die heute spielen, mehr Action haben, ist es wichtiger, dass man mehr sieht von der Welt drumherum. Bei historischen Filmen ist es manchmal nicht so wichtig, da kann es mitunter mehr tableauhaft, mehr ein Bild sein; es kann flacher sein, muss nicht so viel Tiefe haben.

F: Was ist in dem Fall flach?

B: Flach heißt nur auf einer Ebene scharf. Wenn einer durch die Menge geht und vor ihm und hinter ihm alles unscharf ist.

F: Gibt es nicht einen allgemeinen Trend zu weniger Schärfentiefe?

B: Ja..., aber nicht unbedingt. Es hängt wirklich von den Geschichten ab. Bei Filmen wie *Outbreak* ist eben wichtig, dass man viel Informationen bekommt, dass es vorn und hinten scharf ist. Da kommt es nicht so drauf an, dass es besonders schön, besonders ästhetisch, besonders wundervoll ist, weil die Geschichte sozusagen nicht besonders wundervoll und ästhetisch ist, sondern ein ziemlich harter Thriller. Aber bei einer Geschichte wie *Age of Innocence* oder auch bei *Dracula* habe ich mit sehr wenig Tiefenschärfe gearbeitet, vieles doch sehr auf einer Schärfenebene gehalten.

F: Warum meinen Sie, dass geringe Schärfentiefe schöner wirkt?

B: Weil es mehr auf die Person konzentriert, von der man die Geschichte erzählt. Wenn Dracula das erste Mal nach London kommt und durch die Stadt geht, dann ist es nicht so wichtig, dass man da jetzt eine Rieseninformation kriegt über London, wie das so war, sondern die Faszination ist, dass dieser Mensch, der plötzlich völlig verändert ist, dieser Dracula, dass der in diese Stadt kommt und da durchschwebt. Es konzentriert mehr auf die Figuren. Das andere ist ablenkender. Wenn der Held durch die Straße geht und man das mit einer

18er fotografiert, dann ist er einer von hundert Personen. Wenn man das mit einer 100er fotografiert, dann geht der *Held* durch die Stadt. Dann ist es wirklich derjenige, auf den man gewartet hat. Mit dem 18er ist einer von vielen.

F: Ist es Ihnen schon mal passiert, dass Ihnen ein Regisseur gesagt hat, ich will das und das Objektiv, und Sie sagen, das geht nicht, man muss den Helden sehen?

B: Also, das kann höchstens in Deutschland passieren, nicht in Amerika. In Amerika ist es so, dass die Regisseure dem Kameramann viel mehr Freiheit lassen. Mit Scorsese habe ich fünf Filme gemacht, und wir haben nicht einmal über das Licht diskutiert, wir haben nicht einmal über Brennweiten diskutiert. Am Anfang eines Films sprechen wir über den Stil, wie soll dieser Film aussehen, was soll er für ein Gefühl vermitteln? Da spricht man über allgemeine Dinge, dass der Film goldene Töne haben muss, dass er was Warmes haben soll, oder, wie im Fall von *Goodfellas*, dass er eine gewisse Kälte oder etwas Stumpfes haben muss, dass die Leute nicht beleuchtet sind, sondern dass da einfach irgendwo ein Licht ist, in das sie mal zufällig reinkommen oder nicht. Man spricht über diese grundsätzlichen Dinge, aber das ist es dann auch. Und als Kameramann bestimme ich dann, wie das Licht aussieht, wie die Farben aussehen, welche Brennweiten wir nehmen und das alles. Da gibt es dann eigentlich auch keine Diskussionen. Mal sagt man vielleicht, es könnte ein bisschen weiter oder näher sein, aber darauf beschränkt es sich auch. Ein amerikanischer Regisseur hat mir noch nie gesagt, das hätte ich jetzt lieber mit einer 18er oder so. Das ist noch nie vorgekommen. In Deutschland wird weniger im Team gearbeitet, in Deutschland haben die Regisseure das Gefühl, dass sie die einzigen sind, die alles bestimmen müssen. In Amerika ist der Regisseur derjenige, der die richtigen Leute zusammenbringt, und der sich von jedem das Beste aussucht. Man bietet dem Regisseur Dinge an, und er ist dann derjenige, der entscheidet. Oder wie bei Scorsese, der schon vorher sozusagen einen Rhythmus festlegt, der seine Shot list macht wo drin steht, hier will ich ein Close up, hier eine Kamerafahrt usw. Er gibt dann einen Bildrhythmus vor.

F: Wenn ein Film in der Vorproduktion ist, wie fangen Sie an?

B: Das hängt natürlich ganz stark damit zusammen, wer der Regisseur ist, was der Stoff ist, mit der Art, wie der Film überhaupt entsteht. Um mal zwei Extreme zu nennen, ein Film von Scorsese ist immer sehr gut vorbereitet, da habe ich meine Shot list, geh die ganz genau durch, überlege mir, wie die Einstellungen hergestellt werden können, wie der Raum auszusehen hat, in dem diese Einstellungen funktionieren, was ich an technischen Möglichkeiten oder Gegebenheiten brauche. Scorsese ist der bestvorbereitete Regisseur, mit dem ich gearbeitet habe, und am anderen Ende des Spektrums ist Redford, der sehr intuitiv arbeitet, die Dinge erst am Set überlegt. Bei Redford habe ich zehnmal mehr Schularbeiten gemacht und mir überlegt, wie könnte die Szene visuell umgesetzt werden als bei den anderen Regisseuren, weil ich wusste, dass er mir da sehr viel Freiheit lässt. Er hat mir am Anfang gesagt, ich habe so viele Filme von dir gesehen und fand das toll, mach du das mal. Das nahm ich als großes Kompliment, also habe ich mir sehr große Mühe gegeben und versucht, so viel Drama wie möglich in die Bilder mit einzubauen. Und das hat enorm viel Spaß gemacht. Redford war in den Vorführungen immer ganz überrascht, was sich da so tat. Noch ein anderes Extrem war natürlich *Outbreak*, wo wir sozusagen von der Hand in den Mund lebten (*die jeweiligen Drehbuchseiten wurden oftmals erst am Tag vorher geschrieben*), weil wir vielleicht die Struktur der Geschichte hatten, aber vor jeder Szene erst überlegten, wie wir die Szene machen. Und da wir bei dem Film alle technischen Möglichkeiten ständig parat hatten, was nicht immer der Fall ist, also man nicht immer einen Kran, nicht immer einen Steadicam operator am Set hat, konnten wir einfach in dem Moment entschieden, okay, wir machen's so. Und dann wurde das so gemacht. Da ist verhältnismäßig wenig Vorarbeit, man geht einfach hin, überlegt sich das und hat dann eine Idee. In dem Fall war es interessant, weil der Wolfgang Petersen ja ein sehr visueller Regisseur ist und wir viel Spaß zusammen hatten; ihm fielen schöne Sachen ein zu den Bildern, und ich habe unheimlich Spaß gehabt, das zu übersetzen, oder er wusste von meiner Vorliebe für Rundfahrten usw. Das haben wir alles ausgenutzt, da sind ja ein paar sehr schön dramatische Sachen drin, die auch wirklich Geschichte erzählen. Andererseits muss man sich das Aussehen der jeweiligen Schauplätze selber natürlich vorher zusammen überlegen, dann sagt man, das müsste etwas Unheimliches sein, etwas Kaltes oder etwas Dramatisches haben, und was sind die Elemente, die man dazu benutzt, mit blinken und zischen oder Nebel oder so, ob es etwas Bedrohliches oder Gefährliches haben muss. Das kann man nicht improvisieren.

F: Wie war das z.B. bei der Sequenzeinstellung am Anfang von *Goodfellas*? Sagt dann der Regisseur, ich will sowas drinhaben, also mach mal?

B: In dem Fall war das schon vorher geplant, es stand in seinem Storyboard, dass er diesen einen Gang haben wollte, wo der Ray Liotta von der Straße kommt und mit der Frau hinten durch die Küche usw. in das Restaurant geht und sich hinsetzt. Das war geplant.

F: Gibt es irgendeinen Film, den Sie gesehen und von dem Sie gleich gesagt haben, das hätte ich nicht geschafft?

B: Ja, oh ja, doch, da gibt es ein paar. Was z.B. Gordon Willis gemacht hat im *Paten*, das ist schon etwas unglaublich Mutiges und Einmaliges. Der hat da die Grenzen der Dunkelheit so weit voran getrieben, wie sich das glaube ich vorher und fast auch nachher niemand anders getraut hätte. Das ist schon ungeheuer bewundernswert. *Pate* I und II sind für mich von der Fotografie her mit die schönsten Filme die es gibt. Und dann gibt es ein paar Filme auch von Vittorio Storaro die enorm gut sind, wo ich sagen würde, das ist fantastisch; was der in *Apocalypse Now* gemacht hat ist schon toll. Ich weiß es nicht, vielleicht hätte ich das in der Situation auch gekonnt, man weiß es nicht. Ich könnte höchstens sagen, das hätte ich mich nicht getraut. Es geht da weniger darum es zu können, sondern darum sich zu trauen, auch den Regisseur und die Geschichte zu haben, mit denen man das machen kann.

F: Wo ist da der Unterschied zum dritten *Paten*?

B: Joa, der dritte *Pate* war auch gut, aber der war mehr so ein Aufguss, hatte nicht mehr die Kraft wie die ersten beiden, hatte ich den Eindruck. Wahrscheinlich vom Drehbuch her, vielleicht auch vom Gordon Willis her. Er hat zwar immer noch versucht, diesen Stil zu behalten, mit der Dunkelheit und so, das war schon sehr stark, aber das war mir dann manchmal zu viel Stil. Er hat sozusagen sich selber kopiert, bei den ersten beiden Teilen hatte er es einfach zum ersten Mal gemacht, das ist schon ein Unterschied.

F: Was, meinen Sie, könnte es für die Kamera noch für technische Verbesserungen geben, seitdem mit der Steadicam auch die herumgetragene Kamera nicht mehr wackelt?

B: Naja, das ist ziemlich ausgereizt. Von der Lichtstärke der Objektive her, da ist man jetzt bei 1.2, viel mehr geht da nicht, und es gibt Objektive die sind noch lichtstärker. Beim Material ist man jetzt bei 1000 ASA, da sieht der Film manchmal mehr als das Auge. Ich glaube, technisch ist das ziemlich ausgereizt. Was noch nicht ausgereizt ist, wie ich finde, und das wird noch viel zu wenig bedacht, sind die Beleuchtungskörper bei

Filmaufnahmen. Die bedürfen einer ganz generellen Überarbeitung, da wird viel zu viel noch mit den alten Lampen gearbeitet, da müsste man mal dazu übergehen, ein bisschen mehr mit modernerem Licht zu arbeiten. Was z.B. mit Neonlicht alles zu machen ist, gerade wenn man mit weichem Licht arbeitet, ist enorm. Da wird viel getan, aber nicht alle meiner Kollegen gehen auf diese neuen Methoden ein. Die verharren noch ein bisschen mehr in dem Alten. Ansonsten bin ich ein großer Freund von jeder Art von technischer Hilfe für den Kameramann, z.B. liebe ich meine Videokameras, die, wenn ich vom Dunklen ins Helle gehe, das automatisch regulieren. Das finde ich toll. Bei unseren Kameras ginge das natürlich auch, aber da muss es trotzdem noch von Hand gemacht werden. Ich hätte nichts gegen eine Belichtungs-automatik, die man begrenzt einsetzen kann.

F: Gibt es noch eine Art Ziel für einen Kameramann? So wie einst den Übergang von der wackligen Handkamera zur Steadicam?

B: Ich glaube, technisch sind wir eigentlich, auch mit CGI, mit Tricks und elektronischer Verfremdung, an einem Punkt angelangt, an dem man alles, was man sich vorstellen kann, auch machen kann. Daran bin ich auch gar nicht so interessiert. Ich bin vielmehr interessiert, dass Leute anfangen, wieder mehr zu versuchen, Bilder zu finden für Geschichten, und nicht nur sprechende Köpfe zu fotografieren. Hinsichtlich dessen, was man alles machen kann um die Kamera zu bewegen, war man, als der Film erfunden wurde vor gut 100 Jahren, sehr viel einfallsreicher als man es heute ist. Wenn man sich heute einen normalen Film ansieht, da passiert ja meistens nicht so wahnsinnig viel, da wird mehr Dialog fotografiert. Als alles anfing, war noch die Sensation da, dass man Bilder aufnehmen kann, die Geschichten erzählen. Diese Sensation ist ein bisschen weg, und das ist eigentlich schade. Jetzt wo man alles machen kann, machen die Leute es nicht, es fällt ihnen nichts mehr dazu ein. Das fängt damit an, dass den Drehbuchschreibern natürlich nur Dialoge einfallen und keine Bilder. Mein Traum wäre, mal eine Geschichte mit möglichst wenig Dialogen und möglichst vielen Bildern zu erzählen, und da gibt's nicht so sehr viel, weil Autoren nun mal Dialoge schreiben. Ich krieg ganz selten ein Drehbuch in die Finger, wo einer mal detailliert Bilder oder Atmosphären beschreibt, weniger Details des Bildes als Atmosphären.

F: Letzte Frage: Wenn Sie jetzt per Knopfdruck den Filmton abschalten bzw. verfügen könnten, dass er nie erfunden wurde, würden Sie das tun?

B: Nee, dazu ist der Ton auch ein zu wichtiges Element in der ganzen Geschichte. Eine Krise der Bilder muss ja nicht bedeuten, dass man zurückgeht zum Stummfilm. Leute sprechen zu hören ist schon etwas Wunderbares. Das einzige was ich manchmal schade finde ist, dass es nicht *mehr* Geschichten gibt, die mit Bildern erzählt werden.

Mein erstes Mal *Star Wars* (2015)

Es begann mit den Fotos im "Stern". Er berichtete über einen neuen Riesenfilm aus Amerika und zeigte zwei Roboter, die anders aussahen als ich sie kannte. Eigentlich kannte ich gar nicht so viele Roboter, ich kannte im Prinzip nur Godzilla, Bud Spencer, Terence Hill und Louis de Funès. Es war Frühjahr 1978, und ich war neun.

In den Pfingstferien besuchte ich wieder meinen Vater in München, und wir gingen ins Kino. Ich hatte mich so auf den Film gefreut, dass ich ihn noch aufschob. Am ersten Tag sahen wir "Unheimliche Begegnung der dritten Art", und erst am zweiten "Krieg der Sterne". (Filme liefen damals übrigens noch Wochen nach dem Start im Kino!) Der erste war so naja. Ein Mann baut einen Berg aus Lehm in seinem Zimmer, und die Außerirdischen waren langweilig.

Mein Vater mit seinem Erwachsenengeschmack fand natürlich den ersten besser. Wie der Mann da so besessen ist, und nachher stimmt das alles und so, und er geht mit den Außerirdischen mit. "Krieg der Sterne" fand er, glaube ich mich zu erinnern, possierlich, aber mehr so Kinderkram. Wie Bud Spencer halt, oder Fred Feuerstein, oder was wir sonst gesehen hatten. Ich dagegen fand ihn toll.

Ich war ja auch Kind. Nach kurzer Zeit hatte ich ein paar Figuren. Und gern besuchte ich meinen Freund D., der immer die tolleren Sachen hatte. Ein Laserschwert zum anknipsen z. B., und Lukes Raumschiff. Und ich hatte das Panini-Sammelalbum, natürlich neben dem WM-Sammelalbum, die ich beide fleißig befüllte. In der Erinnerung an jenes Frühjahr '78 verschmelzen immer noch Luke, Han und Chewbacca mit Manfred Kaltz, Dieter Bonhof und Hansi Müller. Am Rande der Grundschule war die Welt noch genau so wie sie sein sollte. Der Triumphmarsch am Ende des Films, die ungläubig-schüchternen Blicke Lukes, die anerkennenden

Blicke Leias – die Medaille, die sie ihm umhängte, fühlte man irgendwie am eigenen Hals, als Belohnung des bisherigen Lebens. Und ich sah dass es gut war.

Eigentlich sollte man Star Wars auch heute noch als Viertklässler mit Episode IV beginnen, und V und VI im Abstand von jeweils drei Jahren sehen, um dieser Trilogie der Adoleszenz in vollem Umfang gewahr zu werden. Denn auf die heidnisch-kindliche Hochphase, in der ein unbedarfter Tropf im gefühlten eigenen Harry Potter-Alter zum Helden der Galaxis werden konnte, musste im zwanglosen Zwang der Dialektik die Phase von Prüfung, Buße und Einsamkeit folgen.

Denn das Imperium schlug zurück. Draußen war Winter, und kaum hatte man in der Eiswüste der beginnenden Pubertät eine Zuflucht gefunden, wurde man auch von dort vertrieben, und hatte man sich zu einem Krieger durchgeschlagen, der einem Wissen und Halt vermitteln sollte, fand man sich auf dem Grund eines tropfenden Sumpfplaneten wieder, vor sich nur ein buckliges Männlein, das einem erstmal eröffnete, dass man die dunkelsten Tunnel in seinem Inneren findet. Im folgenden wurde man von vermeintlichen Freunden verraten, der große Bruder in Karbonit eingefroren, der künstliche Spielkamerad in Stücke gerissen, es wurde einem die Laserschwerthand abgeschlagen und manch einer musste erfahren, dass sein Vater in Wirklichkeit ein Monster war. Glücklich konnte sich schätzen, wer damals nicht wie Luke in einen dunklen und scheinbar unendlich tiefen Abgrund fiel.

Als gelinde verstörter Zwölfjähriger erinnerte ich mich gern der hellen Momente: das Laserschwert und der Wampa, Lukes Kampf gegen den großen Walker, Lukes Rettung unter der Stadt der Wolken, "Ich liebe dich – Ich weiß", und vergrub das andere in meinem inneren Dagobah-System. Ich kann mich bis heute nicht erinnern, mit wem ich den Film gesehen habe. Gefühlt ganz alleine, aber welcher Zwölfjährige geht schon allein ins Kino?

Mein Vater, ewig der Erwachsene, der den ersten Teil inzwischen pflichtschuldigst als Klassiker betrachtete, fand ihn folgerichtig immer noch besser. Ich dagegen wusste noch nicht mal wirklich wie ich den Film fand, ich wusste nur dass er mich deutlich mehr aufgewühlt hatte als Episode IV, wie wir ihn jetzt nennen sollten. Besser oder schlechter war dabei keine Kategorie. Beide waren gleich wahr. Ich fand nicht den ersten besser. Ich sehnte mich nur irgendwie nach dem ersten zurück.

Dass am Ende alles gut wird, lernt man erst später, mit 15, wenn man sowieso schon alles weiß. Die Jedi-Ritter kehrten zurück (übrigens in das einstmals erste Kino am Platze, in dem jetzt schon lange Klamotten verkauft werden), und ich hatte sie sehnlichst erwartet. Auch wenn die Hand längst repariert war, sehen was man schon wusste wollte man dringend. Nur zur eigenen Versicherung. Und zur eigenen Belustigung, denn mit 15 spottet man über alles, was nicht bei drei auf den Bäumen ist – und dann manchmal trotzdem noch, wenn es sich z. B. um kleine dicke knuddelige Stoffbären handelt, die mit Kaninchenfallen das Imperium zurückschlagen. Dasselbe Imperium, das einem vor wenigen Jahren noch so zugesetzt hatte.

Andererseits hatte Luke sich nicht unterkriegen lassen und war wieder zum Helden gereift. Er befreite großzügig den vorlauten großen Bruder und das Mädchen und erwürgte den fetten Sklaventreiber – welcher Zehntklässler hat dabei keine Assoziationen? Ich wollte den Film mögen und tat es. Nicht zuletzt weil Lukes Vater den bösen Lord vertrieb und sich mit seinem Sohn versöhnte. Nichts anderes kannte ich, und ich sah dass es wieder halbwegs gut war. Halbwegs.

Ich lernte nämlich eine Lektion fürs Leben: Wer nichts verpassen will, sollte sich rechtzeitig entleeren. So war ich gezwungen, um von meiner Final-Premiere nichts zu verpassen, dessen Ende herbeizuwünschen. Eine seelische Daumenschraube, die ich lange bedauerte – aber noch mehr bedauert hätte, wäre mir bewusst gewesen, wie lang ich auf den nächsten Teil warten musste. Oder, noch schlimmer, auf den nächsten Teil ohne eine Kreuzung aus Bugs Bunny und Daffy Duck darin: ein Menschenleben. Ich wäre also bereit!

Post scriptum: Mein Sohn ist zehn und hat bereits alle drei Teile gesehen. Entwicklungspsychologische Masterpläne sind eine schöne Sache. Aber erklären Sie die mal Ihrem Sohn!

(Erschienen in *Es war einmal… Mein erstes Mal STAR WARS*, Hg. Wolf Jahnke & Michael Scholten, Schüren Verlag 2015)

Herstellung und Verlag:
BoD – Books on Demand, Norderstedt
ISBN 978-3-7460-8158-8